SCIENCE

科学原来这样美
QINGSHAONIAN AI KEXUE
李慕南　姜忠喆◎主编 〉〉〉〉

KEXUE YUANLAI ZHEYANGMEI

及科学知识，拓宽阅读视野，激发探索精神，培养科学热情。

读美文，学科学

吉林出版集团
北方妇女儿童出版社

图书在版编目（CIP）数据

读美文,学科学 / 李慕南,姜忠喆主编.—长春：
北方妇女儿童出版社,2012.5 (2021.4重印)
（青少年爱科学.科学原来这样美）
ISBN 978－7－5385－6295－8

Ⅰ.①读… Ⅱ.①李… ②姜… Ⅲ.①科学知识－青
年读物②科学知识－少年读物 Ⅳ.①Z228.2

中国版本图书馆 CIP 数据核字（2012）第 061598 号

读美文,学科学

出 版 人　李文学
主　　编　李慕南　姜忠喆
责任编辑　赵　凯
装帧设计　王　萍
出版发行　北方妇女儿童出版社
地　　址　长春市人民大街 4646 号 邮编 130021
　　　　　电话 0431－85662027
印　　刷　北京海德伟业印务有限公司
开　　本　690mm × 960mm　1/16
印　　张　12
字　　数　198 千字
版　　次　2012 年 5 月第 1 版
印　　次　2021 年 4 月第 2 次印刷
书　　号　ISBN 978－7－5385－6295－8
定　　价　27.80 元

前　　言

　　科学是人类进步的第一推动力,而科学知识的普及则是实现这一推动力的必由之路。在新的时代,社会的进步、科技的发展、人们生活水平的不断提高,为我们青少年的科普教育提供了新的契机。抓住这个契机,大力普及科学知识,传播科学精神,提高青少年的科学素质,是我们全社会的重要课题。

　　一、丛书宗旨

　　普及科学知识,拓宽阅读视野,激发探索精神,培养科学热情。

　　科学教育,是提高青少年素质的重要因素,是现代教育的核心,这不仅能使青少年获得生活和未来所需的知识与技能,更重要的是能使青少年获得科学思想、科学精神、科学态度及科学方法的熏陶和培养。

　　科学教育,让广大青少年树立这样一个牢固的信念:科学总是在寻求、发现和了解世界的新现象,研究和掌握新规律,它是创造性的,它又是在不懈地追求真理,需要我们不断地努力奋斗。

　　在新的世纪,随着高科技领域新技术的不断发展,为我们的科普教育提供了一个广阔的天地。纵观人类文明史的发展,科学技术的每一次重大突破,都会引起生产力的深刻变革和人类社会的巨大进步。随着科学技术日益渗透于经济发展和社会生活的各个领域,成为推动现代社会发展的最活跃因素,并且成为现代社会进步的决定性力量。发达国家经济的增长点、现代化的战争、通讯传媒事业的日益发达,处处都体现出高科技的威力,同时也迅速地改变着人们的传统观念,使得人们对于科学知识充满了强烈渴求。

　　基于以上原因,我们组织编写了这套《青少年爱科学》。

　　《青少年爱科学》从不同视角,多侧面、多层次、全方位地介绍了科普各领域的基础知识,具有很强的系统性、知识性,能够启迪思考,增加知识和开阔视野,激发青少年读者关心世界和热爱科学,培养青少年的探索和创新精神,让青少年读者不仅能够看到科学研究的轨迹与前沿,更能激发青少年读者的科学热情。

二、本辑综述

《青少年爱科学》拟定分为多辑陆续分批推出,此为第二辑《科学原来这样美》,以"美丽科学,魅力科学"为立足点,共分为10册,分别为:

1.《头脑风暴》

2.《有滋有味读科学》

3.《追寻科学家的脚步》

4.《我们身边的科学》

5.《幕后真相》

6.《一口气读完科普经典》

7.《神游未知世界》

8.《读美文,学科学》

9.《隐藏在谜语与谚语中的科学》

10.《名家笔下的科学世界》

三、本书简介

本册《读美文,学科学》是一套知识性、文学性、艺术性完美结合的科学读本。本书以清新流畅的文笔揭示出自然界鲜为人知的秘密:地球上为什么有四季? 万物为什么有丰富的色彩? 植物与动物怎样度过它们的白天与黑夜? 太阳的能量怎样被储藏,怎样通过食物链在不同的生物之间传递? 翻开这本书,它会用生动的语言告诉你这一切。本书将一个个与科学有关的故事讲得栩栩如生,引人入胜,让你在不知不觉中感受到科学的神奇和魅力。

本套丛书将科学与知识结合起来,大到天文地理,小到生活琐事,都能告诉我们一个科学的道理,具有很强的可读性、启发性和知识性,是我们广大读者了解科技、增长知识、开阔视野、提高素质、激发探索和启迪智慧的良好科普读物,也是各级图书馆珍藏的最佳版本。

本丛书编纂出版,得到许多领导同志和前辈的关怀支持。同时,我们在编写过程中还程度不同地参阅吸收了有关方面提供的资料。在此,谨向所有关心和支持本书出版的领导、同志一并表示谢意。

由于时间短、经验少,本书在编写等方面可能有不足和错误,衷心希望各界读者批评指正。

本书编委会

2012 年 4 月

目　录

一、太空漫游

二、科海漫步

三、自然之旅

四、科星灿烂

七、动物世界

八、人体探秘

一、太空漫游

飘飘欲仙地进去，或是飘飘欲仙地出来，太空的神奇魅力一直牵引着无数人无限的遐想。人类踏入太空的科学探索，早就预示着载入航天的历史与未来。

月全食

高 峰

2007年8月28日下午16时51分开始，我国大部分地区上演了红色月全食的奇妙美景，这是今年出现的第二次月全食景观。中科院紫金山天文台王思潮研究员说，月食分为半影月食、月偏食和月全食三种。在这三种月食中，当属月全食最为好看。此时，从地球上看去，月亮并不是从空中消失，而是呈现难得一见的古铜色，也就是平常所说的"红月亮"。据介绍，从2011年开始我国将进入新一轮月全食的高发期。2011年至2022年这12年间，我国将发生9次月全食。

古时候，人们不懂得月食发生的科学道理，像害怕日食一样，对月食也心怀恐惧。外国有人传说，16世纪初，哥伦布航海到了南美洲的牙买加，与

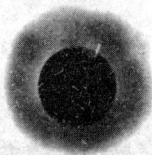

当地的土著人发生了冲突。哥伦布和他的水手被困在一个墙角，断粮断水，情况十分危急。懂点天文知识的哥伦布知道这天晚上要发生月全食，就向土著人大喊，"再不拿食物来，就不给你们月光！"到了晚上，哥伦布的话应验了，果然没有了月光。土著人见状诚惶诚恐，赶快和哥伦布化干戈为玉帛。

其实月食是自然界的一种现象，当太阳、地球、月球三者恰好或几乎在同一条直线上时（地球在太阳和月球之间），太阳到月球的光线便会部分或完全地被地球掩盖，产生月食。

月食的时候，对地球来说，太阳和月球的方向相差180°，所以月食必定发生在"望"（即农历十五前后）。要注意的是，由于太阳和月球在天空的轨道（分别称为黄道和白道）并不在同一个平面上，而是约有5°的交角，因此只有太阳和月球分别位于黄道和白道的两个交点附近，才有机会形成一条直线，产生月食。

月食可分为月偏食、月全食及半影月食三种。当月球只有部分进入地球的本影时，就会出现月偏食；而当整个月球进入地球的本影之时，就会出现月全食。至于半影月食，是指月球只是掠过地球的半影区，造成月面亮度极轻微的减弱，很难用肉眼看出差别，因此不为人们所注意。下面给大家介绍一下观月的方法：

（1）记录月全食的全过程。观察前准备一些观察用纸，纸上画有大圆，圆上按逆时针方向标出0°至360°，0°的位置表示月面的正北点。在月全食发生的过程中，每隔4分钟画一幅月食素描。这样做的结果即可得到一套月全食全过程的食相图。

（2）观察月面的亮度与颜色。月食时月面的亮度和颜色可区分为以下5级：0级，非常暗淡，几乎看不见；1级，稍亮，呈黑黄色，细节难以区分；2级，微亮，呈黑红色或棕黄色，中心有些暗斑，外侧相当明亮；3级，呈砖红色，能看见月面细节，但很模糊；4级，呈铜红色，非常明亮，外侧很亮，略有蓝色，可看到火的细节。观察月全食时，要对月面的亮度和颜色的级别作出判断，并记录下来。同时也要记录当时的天气情况。

地球最危险的敌人是谁

李阳平

虽然彗星和木星大碰撞已经作为历史的一页被翻过，但它却给地球留下了发人深思的警示和启迪：这种灾难性碰撞会发生在地球身上吗？地球发生这种灾难性碰撞的可能性有多大？假若有朝一日发生了，人类可以战胜吗？地球这艘宇宙飞船会不会在这类宇宙交通事故中遇难？到底有多少像流星体、彗星这样的不安分子呢？它们到底会对地球构成哪些威胁呢？

小行星在这场角逐中，也是不可轻视的角色。自意大利天文学家皮亚齐于1801年元旦在木星和火星轨道之间发现新行星之日起，人类研究和发现小行星的序幕就已被揭开了。迄今为止，小行星的发现越来越频繁，已有多达5000颗的小行星被天文学家探测到。

虽然数量很多，但这些小行星质量和体积都非常小。最大的谷神星直径仅有770公里，比月球直径的1/4还要小，体积也不到地球体积的1/450，倘若你登上小行星，能一目了然地感觉到是在一个行星上，四周越远越往下弯，

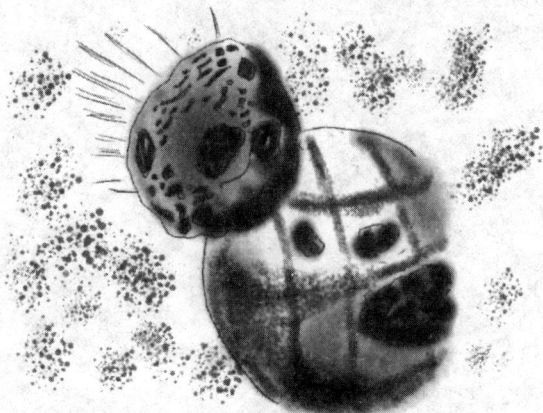

球形感非常明显。

　　浩浩荡荡的小行星军团，大多数在木星和火星轨道之间的小行星带上集中行走，很少可以越出这个范围，但也有极少数非常不安分的"卒子"，沿着椭圆轨道运行，最远可以跑到木星以外的空间，甚至走进地球轨道内侧，变为"近地小行星"，极有可能成为未来地球的主要"杀手"。

　　通常近地小行星轨道偏心率比较大，就地球与它们之间的距离而言，最近时通常有几百公里到5000万公里，极少数的小行星贴近到百万公里内。小行星赫姆于1937年10月在地球外80万公里附近掠过，仅仅相当于月亮与地球距离的两倍，从辽阔的宇宙空间尺度来看，说这些小行星与地球相隔咫尺，一点也不夸张。如此多的小行里来回穿越于地球附近空间里，的确会让人心惊胆战。

在太空中理家

〔美〕杰瑞·M·利宁杰

在太空中，我花了将近一个月的时间，才算完全适应了做一个太空人。对飞行与漂浮，从软管里吮吸经过脱水、净化的食品我都变得习以为常。24 小时的时间变得没有意义——一天之中太阳会升起 15 次。衣服变成一件可以牺牲的东西——我穿一段时间，然后扔掉。我头脚倒置睡在墙上，排泄在管道里。我觉得自己好像一直就生活在那里似的。

尽管在太空中漂浮时，进行跑步运动也是可能的，但没有重力的拖拽，跑步不用费力气。漂浮时奔跑几个小时也不会觉得累，但不幸的是，对自己也没什么作用。无论怎样，要获得任何训练收益，都会有些阻力。因此，在登上跑步机之前，我得穿上铠甲。这铠甲紧得就像冲浪者穿的那种类型，且连接在跑步机两侧固定着的金属板上。铠甲会用 70 公斤的力将我猛拉到跑步机上——以此来模仿重力的拉力。

在地球上，我是如此喜欢户外活动，以至什么都不能阻止我跑步、骑车、游泳——或所有 3 项——每天的练习。但踩在跑步机上，我觉得跑步时肩上像坐着什么人。我的脚底不能适应任何负重，每一次练习的前几分钟都像有针扎了进去。随着训练程度的提升，我的跑步鞋会因为底板摩擦而升温，有时候，甚至到了能闻到橡胶灼烧味道的程度。

就像《奥兹国的男巫师》里的铁皮人，我觉得所有的关节都需要加油。穿在身上的一百多磅重的铠甲，只能部分地分散我身上的负重。在人为的负重之下，我的肩膀和臀部都会痛苦地反抗。不可避免地，肩膀、臀部的疼痛灼热与摩擦发热将不断加重。我发现自己不断地调整铠甲位置想分散这种定点的疼痛，但只是白费力气。我这习惯了太空生活的身体不欢迎锻炼。坚持

一天两次一小时的训练需要耗费我能够掌握的所有意志与自制———旁还有萨沙的袖珍光盘播放机正在大声喧哗。

我需要运动。人的身体，在不用花费力气的宇宙中闲置，就会急剧虚弱。骨质疏松，肌肉萎缩。如果5个月后，我不用再变成地球人，那么身体机能退化就没什么大不了的。但不久以后，我必须抱着我25磅重的儿子散步。此外，如果在着陆时有什么紧急情况发生，我得依靠自己的力量从航天器里出去。锻炼是克服失重造成的体能衰退的一种方法。

我的躯体终于变得灵活了。我的脉搏从静态时的每分钟35—40下变成150下。尽管不太舒适，锻炼仍给予了我一种休息———一种放松方式。一旦处于舒适的跑步节奏，我会闭上眼睛，想象着慢跑在自己最喜欢的回家路线上——公园、孩子们玩耍的垒球场、摇摆的树林。这样做会使时间过得更快。

有时候我会想起自己死去的父亲。我强烈地感受到他的存在，也许是因为我人在天堂，离他很近。我会与他默默地交流，告诉他我很想念他。他看上去快乐而满足，他为我高兴。尽管有时候，我会热泪盈眶，与爸爸交谈感觉真好，和他在一起很舒服，流泪之后人也感觉好得多。

有时候跑步是一种纯粹的欢乐，我觉得自己在跳跃欢唱。尽管我在地球上是从没有遇到过人们常说的跑步者的兴奋点，在太空中跑步时，我真的达到了陶醉的程度。在"和平"号的跑步机上，我发觉自己既体会到了跑步的兴奋，又感受到了跑步的沮丧。

　　我也喜欢上了非官方的记录书籍。在我的第一次飞行中，当我们飞到美国上空时，我定下了秒表。接下来的 90 分钟，我开始不停地跑。飞船以每小时 17500 英里的速度在地球轨道上运行一周，需要 90 分钟的时间。我环绕了地球，我瞥向窗外，又一次看见了美国。《跑步者的世界》杂志后来写了一篇关于我不停地跑步，绕世界一周的文章。登上"和平"号后，我重复了这项举动好几次。尽管我不太在乎自己到底进行了几次不停的奔跑，我只想说，我曾经绕过这个世界一两次。

　　当我不在跑步机上跑的时候，就没有什么力量将我往下拽，也没有什么来压迫我的脊椎。我长高了。

　　起飞那天我的身高略微不足 6 英尺。但我在轨道上待了一天之后，就成了整整 6 英尺。在轨道上的第二天结束后，我量得 6.2 英尺。"啊！"我想，"也许等我回到地球就可以退役，开始在 NBA 打球了。我每天都在长高，灌篮应该没有问题，实际上，我可以飞到篮板上，然后从篮箍往下扣！"

　　到第三天结束，我的生长完成了，我仍旧是 6.2 英尺。以后在太空中的 5 个月，我保持了 6.2 英尺，在我回到地球的第一天则缩回到我离开前的正常身高。

　　我的 NBA 梦想仅此而已。

　　我们的服装包括一件棉 T 恤，一条棉短裤和一双汗袜。没有供应内衣。T 恤与短裤都是些没劲的颜色。稍微好看一点的那套是令人作呕的绿色，领口镶了艳蓝色的边。俄罗斯产的棉布真是太薄了，衣服几乎是透明的。不仅如此，没有一条短裤是有松紧的内裤。客气一些，我只想说，短裤太松，而任何东西在太空中都会漂浮。这套衣服真是够可以的。

　　在飞行之前，我的俄罗斯教练教导我，出于卫生的原因，在太空中不到 3 天就得换一次衣服。不幸的是，在拿到"和平"号的服装行李清单时，我们发现，船上的衣服只够我们每两星期换一次。

　　一套衣服穿两星期是有些久了。船上没有淋浴设备，没有洗衣房。"和平"号冷却系统的故障使空间站的温度持续一个多月上升到 90 多度。在太空中使劲地踩跑步机，我会大量地出汗，汗水在脸上凝成水珠。

我努力适应这两星期的日程，而不太为自己感到恶心。第一周，我会日夜穿着相同的衣服。第二周，这些衣服就会变成我的跑步装。我会将锻炼服装放在电冰箱冷冻装置的排风扇附近，使得汗湿的 T 恤在早晨到黄昏两次运动之间变干。但多数时间是，在我下午踩上跑步机之前，得穿上仍旧潮湿的 T 恤。

穿了两星期之后，我发现那衣服真是令人讨厌透了。我会将潮湿的衣服团成球，用导管将它们缠起来。然后我会将球扔进前进号垃圾车里。前进号在再次进入大气层时会烧毁，这对我那可恶的、臭气熏天的破布来说，是个合适的结局。

"和平"号上没有淋浴或盆浴。太空中的洗澡过程等同于在地球上用海绵搓澡——还得外加因失重与缺水造成的困难。

要洗澡，一开始，我得将水从配给装置射入一个装有特种低泡沫肥皂的锡箔小包里。然后，我会插入一个带有自动开关折叠装置的麦管。接着，我摇动小包，打开折叠，往身上挤几点肥皂水。如果我保持不动，水会变成小珠子附着在皮肤上。然后我用一块类似 4 × 4 英寸棉纱垫的布，把水抹遍全身。因为在洗澡过程中布变得很脏，我总是最后才洗脚、胯部与腋下。

对于我过长的头发，我则使用一种不用冲洗的香波。这种香波不需要水。我直接将香波倒在头皮上，然后搓洗。理智上，我知道我的头发不比使用香波前干净多少——尘土能到哪里去？——但心理上觉得干净一些。

在我的保健箱里有俄罗斯人提供的一种特殊护牙用品——能带在小指上的套形湿润棉纱垫。在手指上套上棉垫，搓洗牙齿和牙龈。尽管不是什么天才设计，我宁可把克莱斯特牙膏挤在牙刷上。为了不使嘴里的液体与泡沫漂起来，刷牙时我得尽可能将嘴闭上。刷完牙后，我会将多余的牙膏与水吐在曾用来洗澡的同一块布上，然后除去头发上的香波。

在太空中，刮胡子不是件容易的事，而且十分浪费时间。我会往脸上挤少量的水，表面张力与我的胡楂使水附着在脸上。我会在水上加一点美国宇航局制造的叫做"太空剃刀"的刮胡膏。每刮一下，刮胡膏与胡子的混合物就会暂时粘在刀片上，直到我将其放到使用了一星期的脏毛巾上。每放一次，我就会滚动毛巾来抓住丢弃物。

因为花费时间太多，我选择每周刮一次胡子，即在每个星期天的早上。我不留大胡子是因为，如果在突发事件中我需要戴上防毒面具，胡子可能会阻碍全脸面具的密封。一周刮一次胡子变成了一种计时的方法。如果在镜子里瞥见一张脏乱的脸孔，我就知道是星期五或者星期六，我又熬过了一周。

我的床是光谱太空舱后面的一堵墙，对面的地板上有一台通气扇。因为在太空中热空气不会上升，这里没有空气对流。风扇是使空气流动的唯一途径。

睡在一个不够通风的地方，你很可能会像是在一个氧气不足与二氧化碳过剩的罩子里呼吸，结果会导致缺氧与换气过度。人醒过来时会感到剧烈的头疼，且会拼命吸气。

出于这个原因，我头脚倒置睡在墙上，头冲着那台运行的风扇。我用一根 BUN – GEE 绳或是一条尼龙裙裤防止在夜里漂走。我见过其他宇航员在睡觉时到处漂浮——他们在晚上绕着飞船漂浮，通常撞上过滤器的吸入一侧时才会醒来。

我就是这样在太空中生活了 5 个月。

史前超文明之谜

朱瑞良

踩在三叶虫上的足印

1938 年，美国肯塔基州柏里学院地质系主任柏洛兹博士宣布，他在石炭纪砂岩中发现 10 个类人动物的脚印。显微照片和红外线照片证明，这些脚印是人足压力自然造成，而非人工雕刻。据估计，有人足痕迹的这些岩石约有2.5 亿年历史。

更早一些时候，有人在美国圣路易市密西西比河西岸一块岩石上，曾发现过一对人类脚印。据地质学家判断，这块岩石约有 2.7 亿年历史。

最为奇特的发现，是在美国犹他州羚羊泉。业余化石爱好者米斯特干1968 年 6 月发现了几块三叶虫化石。他叙述说，当他用地质锤轻轻敲开一块石片时，石片"像书本一样打开，我吃惊地发现，一片上面有一个人的脚印，中央处踩着三叶虫，另一片上也显出几乎完整无缺的脚印形状。更令人奇怪的是，那几个人穿着便鞋！"

1968 年 7 月，地质学名家伯狄克博士亲往羚羊泉考察，又发现了一个小孩的脚印。1968 年 8 月，盐湖城公立学校的一位教育工作者华特，又在含有三叶虫化石的同一块岩石中发现了两个穿鞋子的人类足迹。

所有这些发现，经有关学者鉴定，均认为令人无法怀疑，是对传统地质学的严重挑战。犹他州大学地球科学博物馆馆长马迪生，在记者招待会上说，那时候"地球上没有人类，也没有可以造成近似人类脚印的猴子、熊或大懒兽，那么，在连脊椎动物也未演化出来之前，有什么似人的动物会在这个星球上行走呢？"

三叶虫是细小的海洋无脊椎动物，与虾蟹同类。在地球上存在时间从6亿年前开始，至2.8亿年前灭绝。而人类出现的历史与之相比，很短，至于穿上像样的鞋子不过三千多年。这一切，又该作何解释？

20亿年前的核反应堆

原子能技术是人类近几十年中才开始掌握的一门高科技技术，而在非洲，却发现了一个20亿年前的核反应堆！

法国有一家工厂使用从非洲加蓬共和国进口的奥克洛铀矿石，他们惊讶地发现，这批进口铀矿石已被人利用过。铀矿石的一般含铀量为0.72%，而奥克洛铀矿石的含铀量却不足0.3%。这一奇怪的现象引起了科学家们的注意。他们纷纷来到加蓬奥克洛铀矿考察，发现了一个不可思议的史前遗迹——古老的核反应堆，由6个区域约五百吨铀矿石构成，输出功率估计为100千瓦。这个反应堆保存完整，结构合理，运转时间长达50万年之久。

据考证，奥克洛铀矿成矿年代大约在20亿年之前，成矿后不久就有了这一核反应堆。而人类只是在几十万年之前才开始使用火。那么，是谁留下了这个古老的核反应堆？是外星人的作品，还是前一代地球文明的遗迹？

矿石中的人造物

人类学会制造工具不过几十万年历史，然而，人们却从几千万年甚至几亿年前形成的矿石中发现人工制造的东西。

1844年，苏格兰特卫德河附近的矿工，在地下8英尺的岩石中发现藏有一条金线。

1845年，英国布鲁斯特爵士报告，苏格兰京古迪采石场在石块中发现一枚铁钉，铁钉的一端嵌在石块中。

1851年，美国马萨诸塞州多契斯特镇进行爆破，从坚实的岩床中炸出了两块金属碎片。这两块碎片合拢后，竟是一个钟形器皿，高12厘米，宽17厘米，是用某种金属制成，有点像锌，或锌与银的合金，表面铸造有6朵花形图案，

13

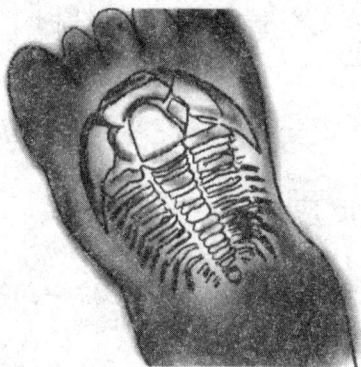

花蕊中镶有纯银，底部镌刻着藤蔓花环图纹，当地报刊誉为"精美绝伦"。

1852 年，苏格兰一处煤矿中，在一大块煤炭中发现一件形状像钻头的铁器，而煤块表面无破损，也找不到任何钻孔。

1885 年，澳大利亚一处作坊的工人，在砸碎煤块时发现煤中有一个闪闪发光的金属物，是一半行六面体，两面隆起，其余四面均有深槽，形状规则，使人无法否认这是一个人造物体。

1891 年，伊利诺伊州摩里逊维尔镇的柯尔普太太在敲碎煤块时，发现煤里有一条铁链，两端还分别嵌在两块煤中。这两块煤原来是一个整体，只是在敲碎时才分开。

1961 年，美国加利福尼亚州奥兰恰市洛亨斯宝石礼品店 3 位合伙人兰尼、米克谢尔和麦西，在一个海拔 4300 英尺的山峰上，找到一块化石。当他们用钻石锯开化石时，锯刃被坚硬的东西弄坏了，打开后才发现，化石中包着一个"晶洞"，里面有一个像汽车火花塞一类的东西。中间是一条金属圆芯，外包一个陶瓷轴环，轴环外又有一个已变成化石的木刻六边形套筒，套筒外面便是硬泥、碎石和贝壳化石碎片。据地质学家估计，这块化石在 50 万年前就已形成。而 50 万年前又何来汽车火花塞？

不可思议的史前文明遗迹

距离澳大利亚东海岸约 750 英里的新喀里多尼亚岛以南 40 英里处，有一个叫派恩的小岛，岛上有四百多个像蚁丘似的古怪古冢，用沙石筑成，高 8

至 9 英尺，直径 300 英尺。

古冢上寸草不生，古冢内也找不到任何遗骸，只在 3 个古冢中各发现一根直立水泥圆柱。在另一个古冢中发现有两根并排的水泥圆柱。这些圆柱，直径从 40 英寸至 75 英寸不等，高 40 英寸至 100 英寸。用放射性同位素碳检验法测定，这些圆柱是公元前 1095 年至 5120 年间的东西。是谁在人类发明水泥之前就已使用水泥了？这些圆柱究竟有什么用处？为什么在附近找不到任何有关的人类遗物？

在南美发现一个秘密的隧道系统。这个隧道系统的秘密入口处由印第安人的一个部落把守，一直通向 250 米深的地下。隧道内壁光洁平滑，顶部平坦。其中有几处宽阔的厅洞，竟有喷气客机停机库那么巨大。在一处宽 153 米、长 164 米的火厅中，放着一张桌子，7 把椅子。这些桌椅不知用何种材料制成，像石头又不冰冷，像塑料却坚硬如钢。

在美国佛罗里达州、佐治亚州及南卡群岛一带海底，人们发现一条路面宽阔的平坦大道。潜水艇安上轮子后可以像公共汽车一样在大道上行驶。

超时代的技术

土耳其伊斯坦布尔的托普卡比宫珍藏着一张奇特的古代地图。这张古地图是 18 世纪初发现的，看样子是一份复制品。地图上，只有地中海地区画得十分精确，其余地区，如美洲、非洲都严重变形。然而，当科学家们进一步深入研究时，惊讶地发现，这张古地图其实是一张空中鸟瞰图。同阿波罗八号飞船所拍摄的地球照片相比，土耳其的这张古地图就像是它的翻版一样。地图上美洲、非洲的变形轮廓线，同阿波罗飞船拍摄的照片完全重合。尤其令人惊讶的是，古地图上还绘出了南极洲冰层覆盖下的复杂地貌，同南极探险队在 1952 年用回声探测仪对南极冰下地形的探测图毫无二致。是什么人在远古时代就已掌握了太空航摄的高技术？

南美喀喀湖高原，古城第阿瓦拉克神秘的废墟，有一座用整块红色砂岩雕刻成的巨大神像。神像上刻有一幅完整无缺的星空图，以及上百个符号。考古学家多年研究，终于破译了星图及符号。他们认为，这幅星图所描绘的是 2.7 万年前的古代星空，那些符号记述的是极为深奥的天文知识。这些知识是现代人类所未掌握的。数万年前居住在南美喀喀湖畔的古人类，又怎样掌握了超过现代人类的天文知识？

更为奇特的是，1921 年在非洲赞比亚，人们发现了一个古尼德人的头骨，头骨左方有一个边缘平滑的圆孔，这圆孔唯有子弹射击才能形成。而据考证，古尼德人生活在旧石器时代中期，距今约有 7 万年。当时的人类，才刚刚学会使用石斧！

还有，在巴格达城郊的一座古墓中，科学家发现一组两千年前的化学电池，他们仿造古电池成功地获得 0.5 伏电压，持续工作了 18 天。世界公认的第一个电池，是公元 1800 年发明的，距今不到 200 年。

在埃及金字塔中，考古学家们从一具男童木乃伊的左胸中发现一颗人造心脏。现代医学研制使用人工心脏不过十来年历史，而木乃伊的这颗人造心脏却在 5 千年之前，就已通过精密的外科手术安进一个男孩子的胸腔！

是否存在着史前超文明

以上种种超文明不解之谜，一些科学家认为有两种解释：一是外星人访问地球所留下的痕迹；一是现代人类文明之前，曾经出现过前一届高级人类的史前超文明。越来越多的人更为相信后一种解释，有科学家提出了地球文明周期进化论。生物考古学家认为，地球诞生至今的 45 亿年历史中，地球生物经历了 5 次大灭绝，生生死死，周而复始，最后一次大灭绝发生在 6500 万年之前。有人据此推断，20 亿年前地球上存在过高级文明生物，但不幸毁灭于一场核大战或巨大的自然灾变。亿万年的沧海桑田几乎抹去了一切文明痕迹，仅留下极少遗物，成了现代人类的不解之谜。也有人认为，前一届高级文明的毁灭，是因为地球气候的周期性变化，或者因为地球磁场的周期性消失。太阳系运转到宇宙空间某个特定位置时地球上将会周期性地出现不适应人类生存的气候。6500 万年前恐龙的灭绝便是一个例证。地球的这种周期性气候变化会导致高级智慧生物的周期起源和进化。

当然，这些仅是一家之言，或者说仅是一些猜测。然而，超文明的不解之谜，倒确实值得人们认真探索……

生死和命运之谜

〔日〕 猪木正文

由于万物变迁不已，产生了各种各样的现象，结果千奇百怪的难解之谜也应运而生。首先，让我们看看宇宙之谜。

星辰和地球是怎样形成的？宇宙为什么能扩展？一百亿年以前宇宙的面貌是个什么样子？未来的宇宙还会发生什么样的变化……类似这样的疑问举不胜举。

据科学家们的推测，距今约七十亿年以后，宇宙的全部星辰都将死亡，一切星光都将从夜空消失。太阳是星辰之一，当然也不例外。那时，地球上的所有生物也将随之消亡，剩下的只是没有生命存在的黑暗的宇宙世界。

宇宙不是为产生生命而存在的，因此没有生命的宇宙依然存在也就毫不奇怪了。可是，一想到将来黑暗宇宙的情景，不禁使人毛骨悚然，产生一种难以言表的伤感。

下面，让我们看看人类本身的生死和命运之谜。

也许有人会说：我自己的出生是因为父母的存在，也可以说，因为父母的存在，我的出生是其必然的结果。因此，对自己的出生不持丝毫疑问。其实，这种讲法只不过是说出了一个历史事实而已，没有意识到非常深奥的根本秘密所在。还是让我们深入人类内在的本质方面看个究竟吧。

所谓奥秘，就是经常令我们感到奇怪不解的东西。

到现在为止，地球上已累计出生过数以千亿、数以万亿，甚至远远超过这一数量的人，我们每个人仅仅是其中的一员。我们懂得了宇宙和社会的存在，懂得了喜怒哀乐，这些意识是怎样产生的呢？我们自己死了以后，只要地球保持现状，还要出生大量的人。但是，以后出生的任何人身上，都不会再现与我们每个人完全相同的意识。

我们知道，整个宇宙除了太阳系以外，还有像地球那样的大量行星存在。在那些行星中，也很可能存在着像我们人类一样的生物。但我们不是在那些行星上出生的，将来也永远不会在那里出生。

也就是说，一个人在无限巨大的宇宙时间和空间的一个点上，只能存在一次。

那么，人为什么只能出生一次呢？换言之，人死了以后，为什么不能再次出生？

尽管大多数宗教相信人生转世再生的现象，但证明其正确的根据却难以找到。

在这里，只要简单加以想象便会发现这样一个奇妙的问题——我们自己的存在是偶然还是必然？

这就是说，我们每个降临人世的人属侥幸发生的偶然结果，还是在宇宙诞生的一刹那就已决定了我们自己的出生？

这一疑问贯穿着我们一生所发生的事情。

我每个星期天都要观看日本广播协会编排的"彩虹规划"电视节目。但在去年秋天，该节目的主要演员佐田启二，在山梨县不幸因车祸身亡，这一消息使我大吃一惊。

在这次悲惨事故发生前的极短时间内，谁能事先预测事故的发生呢？

与之相反，从危难中侥幸脱险的例子也屡见不鲜。

一个典型的例子发生在 1945 年初春。当时，美国动用 B29 轰炸机对东京进行狂轰滥炸。我的一位朋友傍晚急急忙忙往家赶，但因他乘坐的电车出了一点故障，晚到站十几分钟。而他下车不久便开始了空袭，逼得他一时无法回家。正是在这次空袭中，他的家直接中弹化为灰烬，而他却因祸得福捡了一条命。

类似这种事情究竟是发生之前命中注定的，或者是偶然的意外，还是不依人的意志为转移必然发生的呢？——这一切便组成了人生的命运之谜。

关于人死以后意识永存还是消失的问题，有史以来的所有朝代、所有人们，世界的所有地方都一直在争论不休。

甚至到了号称征服宇宙时代的今天，这类疑问仍然是人们争执的内容。

大约在三年前，我看到《朝日新闻》刊登过这样一条消息：有位大学生试图卧轨自杀，幸亏火车及时刹车才使他幸免一死。事后他告诉别人，他是听了某新兴宗教关于人死后意识可以永存的宣传，决定以身相试。

对这类奥秘感兴趣的不仅仅是普通人，就是在我所知的科学家中，热衷于此的也大有人在。

现在，还是让我们看看，所谓人死以后意识永存，究竟意味着什么。

我们每个人从懂事开始知道社会和自身的存在，充其量是几十年前的事情。但是，在那以前社会已经存在；比社会更早的宇宙已经诞生。再进一步说，在比宇宙更遥远的过去，以至用现代科学也无法了解的事情都早已发生。只是我们对这一切根本不可能意识到罢了。

由此，人们联想到意识消亡的可怕性。

人一旦死亡而意识消失，就像意识不到出生以前发生的事情一样，对未来的事情也不可能意识到。进而对遥远未来的宇宙变成什么样子，也就更加一无所知了。

许多活着的人知道珍惜一分一秒的时间努力工作，可是一旦死去，也就不知道要经过无限漫长的时间了。

我曾看过描写死刑犯人临刑前心理状态的电影，这使我形象地知道，等待死亡即将来临的人对死的恐惧是多么强烈。他们为了一分一秒地延长自己的生命，不惜花任何代价。这种恐惧心理的主要原因是他们意识到死将带来自己意识的永远消亡。

去年过年时我回故乡探望，见到了从事佛学研究的哥哥。他对我说，他主张"人是由原子和灵魂构成"的观点。

按照这一观点，最终可以归结为：人的躯体是由原子构成，人的意识是由灵魂产生的。

那么也就是说，灵魂似乎是产生莫名其妙的现象、发挥未知奇怪作用的某种东西的总称。简单明确一点说，灵魂不是物质性的东西，而是一种非物质性的东西。

进一步来说，这种观点认为人死后灵魂与躯体脱离。因此，人死后尽管意识消亡，但能够产生意识的灵魂却没有消亡。详细来分的话，这种论点还有其他各种各样的形式。大体来说，大部分人相信人死后存在灵魂。有人甚至认为人死后依然保留着同活着的时候一模一样完全不变的意识。相比之下，相信存在灵魂的人居多。我曾和来日本的某国传教士谈论起死的问题，他认为死后留下的是灵魂而不是意识。

人是注定、不可避免地要死亡的，因此在探讨死亡之谜时需要保持非常冷静的态度。这是因为，死亡之谜对我们的人生观有很大的影响。

宇宙与人

忻迎一

太阳的倒计时

太阳可以理解成是一个永恒的能源，因为它以核能的方式燃烧，一个比地球大33万倍质量的天体来燃烧原子核，它的寿命就是惊人的。然而，尽管对于我们来说这是惊人的，但是，对于宇宙的物质运动来说，这种寿命就不是永恒的。实际上，如果地球上的寒武纪晚出现30亿年，恐怕人类就将面临真正的世界末日了。因为，理论上我们的太阳能燃烧100亿年，但实际上它的稳定的燃烧只有70亿年左右。太阳分为两次核聚变。一次是氢聚变，就是我们过去和现在一直使用的核能。这是宇宙中最高效的核能，在聚变中物质释放的能量最多，达到千分之七。根据太阳的质量计算，太阳的氢聚变能持续90亿年左右。但是，这并不意味着所有的氢聚变都是稳定的，到晚期，太阳的氢聚变也将出现起伏。虽然这种起伏对于太阳来说不算很大，而对于脆弱的生命而言则是致命的。

在大约90亿年的时候，太阳将会启动另一次核聚变——氦聚变。氦是氢聚变产生的，它比氢原子核更大，所以相互排斥力更强，这就需要更高的温度使它们碰撞在一起。在太阳90亿年寿辰的时候，其内部将会达到这个温度，同时氦聚变将会启动。这是一个辉煌的时刻，在原来的太阳内部，又诞生了一个新的太阳，这个新的太阳以更高的热度辐射把原来的太阳推出去。这个动作将使太阳整体膨胀100万倍以上，等于形成两个重叠在一起的太阳。从外面看，这个双燃料系统的太阳将极大地占据空间，几乎充满从它到地球轨道的15000万公里的距离。也就是说，这个巨大的太阳离地球比地球离月亮还近，地球上的一切都会变成焦炭，甚至整体被烧成陶瓷。最后，太阳会吞没地球，在靠近它的太阳系行星中，就只剩下火星。这是一场最终不可回避的核浩劫，幸好离人类还很遥远，而这种安全感足寒武纪给我们的：

太阳最终会完成它的两次核聚变，这时，它的一部分物质会喷洒到周围的空间里，而大部分的物质还会继续在引力的作用下坍缩。坍缩这个词的含义是：在宇宙中引力像鳖鱼一样咬住目标，一旦一些物质形成得比较大，引力就会不依不饶地折磨这些物质，直到它们的能量被释放，而引力自身则成为一个束缚得非常紧的物质"监狱"。在这个"监狱"里，物质没有自由，没有分子，也不再释放能量，最终成为宇宙中最无所事事的一种物质形态——白矮星。白矮星的命名是因为它本身炽热，热过太阳的表面，热到发白的程度，质量非常大，体积却特别小，它的体积比同样质量且正在燃烧的恒星大约要小几亿倍。不过，虽然它很热，但人们却很难发现它们，因为它们毕竟体积太小了，几乎和地球的直径一样。人们要找到它就只能根据被它的引力影响的另外的天体的活动判断它的存在。当然，今天的高倍望远镜已经可以直接看见它了。白矮星虽然很热，但因为它不能再产生能量，所以它会不断地冷却，就像从火炉里拿出的一块烧红的铁块，把它放在宇宙中的大冰箱里冷冻一样。由于白矮星太热，所以它的降温过程也会很慢，降低到人们用手能触摸的温度，大约需要 100 亿年。不过，从人类的价值观念来看，白矮星是价值连城的宝贝，它是一种原子核的晶格排列，也就是钻石的那种排

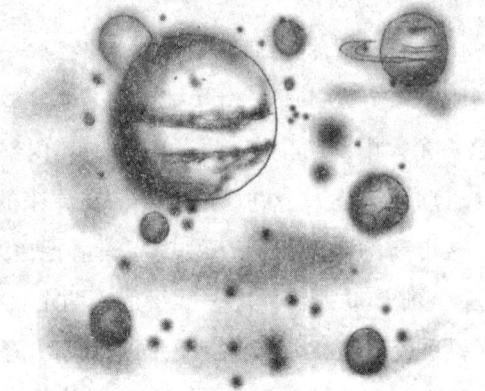

列。白矮星在某种意义上说，就是一颗巨大的钻石。在 50 亿年之后，我们的太阳就会变成这样一颗钻石，继续吸引着太阳系中剩下的行星们。当然，那时已不再有地球，也不会有人类的物欲和贪婪。

当太阳死亡的时候，它的周围会形成一个巨大的光环，基本是两种颜色——绿色和红紫色，因为白矮星的辐射是由它们中间不同的氢元素和氦元素的电子受激发的状态决定的，宇宙中已经发现了很多这样的光环，它们都像是灿烂的太阳在跳脱衣舞时脱下的舞裙。这些光环呈圆圈状，被称为行星状星云。每个这样的彩云都是一座太阳的坟茔。从理论上说，这种太阳都有可能孕育过生命。当然，更确切地说，这种太阳都有可能拥有行星，而太阳身边的行星就是构建生命的建筑基础。

月亮——地球的刹车

对于生命的自然状态来说，地球的动态无疑起着积极的作用。然而，当人类诞生以后，过分的星球动荡将会是灾难。试想，如果到处是火山，是海啸，是山崩地裂，人类将为此而疲于奔命，将会终日生活在极度惊恐之中。

然而，我们的运气的确很好。地球有一个刹车装置，它把地球的动态逐渐地从一个很快的转速减缓到较慢的转速，这就是月亮。月亮引力对地球的动态默默施加了 40 多亿年的影响，在 40 多亿年的时间里，大约降低了地球一半左右的旋转速度，从每天大约 10 个小时的昼夜交替，变成了今天的 24 小时。细算一下，平均每天减少 0.02 秒。这是一个极小的数字，却是极重要的数字——这个数字既不能大，也不能小。大了，就会使地球的转速降低得太多，不利于地球的动态；小了，就是刹车动力不够。

人们不知道月亮到底是怎么来的，几种分析都不够圆满。但有一点可以肯定：没有月亮，地球的环境将不如现在这么美好。因为很多学者认为，是月亮的存在使地球的旋转姿势稍有偏斜，因此就有了季节的区分。但这个说法并没有得到数学意义上的论证，因为火星虽然没有与这么大的"月亮"为伴，火星的旋转姿势却和地球一样，也是偏斜的。当然，月亮在夜晚起到的照明作用是显而易见的，特别在没有电灯的远古时期，月亮比今天要显得亮得多。但是，月亮真正的作用似乎是为人类的文明做准备。它曾经离地球只有 10 万公里，30 亿年前看起来更比现在大一倍。如果那时已经有了智慧生命，估计眼神好的人都能看见月亮表面较大的环形山。那时地球急促旋转着，生命在飞快的昼夜交替中轮回，日子一定过得比现在紧张。当然，地球表面也是乱七八糟的，因为自然灾害比今天要多得多。

月亮的存在使地球转速减慢，而地球转速的减慢也减弱了地球对月亮的控制，于是月亮也在一点点地远离地球。地球不断地减慢转速和月亮不断地离开地球是以往地月史中最重要的互动关系，而这种关系到人类出现后达到了尽善尽美。现在地球的一天是 24 小时，这使我们都有一个温馨的漫漫长夜，有着不必时刻警惕灾难警报的安详睡眠：有着不断升值的房地产生意，而不是经常在建筑的废墟中挖掘尸体。月亮送给我们人类的真正礼物就是自有地球这颗行星以来最稳固的地壳。

除了对我们生活的关照，月亮还是我们认识太阳及宇宙的非常出色的不可替代的工具。月亮逐渐离开地球至今，月亮的月面直径与太阳的视觉直径完全一致，因此，发生日食时，人们就可以通过月亮对太阳的遮挡来仔细观测太阳。如果没有月亮造成的日食，人们对太阳的认识恐怕还要延迟很多年。人们之所以能够在 50 年代应用核聚变发明氢弹，其中的部分原因也许和月亮的存在有关系，因为氢弹的发明是从太阳的能源机制中获得了启发的。氢弹的发明对人类是一个威胁，它警告人类不要自己毁灭自己。实际上，一个注定要彻底毁灭整个人类的东西一旦被制造出来，人类反而有了前所未有的理智。有趣的是，直到现在，人类已经有了超过 50 年的世界范围的和平，而从理论上说，人类现已具有在地球转完一圈之前就彻底毁灭自己的能力。

月亮通过大海的韵律制动地球，这很有意思。地球上的水居然是美妙的刹车媒介，海洋的潮涨潮落就是对地球转动能量的抵消。最终，这些水会使地球失去月亮，因为海洋的潮汐将更多地降低地球的动能，这样就会继续减少约束月亮的引力。按照这个程序，月亮大约会在 10 亿年之后彻底脱离地球。但是我们相信，那时人类已经可以以高度的文明来控制这种事情，至少月亮必将是地球的土地的延伸，人类也一定有办法保持月亮和地球的亲密状态。

　　月亮是离地球最近的一个天体，它的存在给了人类一个可以突破地球这颗行星的机会，毋庸置疑，人类已经把登上月球当作是文明的最高成就之一。这的确是自生命从海洋爬上陆地以来的最重要的事件。无论从哪个角度讲，人类对自己星球的超越都是非凡的壮举，而不是因为月亮离我们只有 38 万公里，所以这种壮举才得以实现。除了月亮，离我们最近的就是火星或者金星了，然而它们也是在 5000 万公里以外。如果没有月亮，人类登上外星的计划和豪迈，将至少推迟 60 多年。

　　月亮的质量是地球质量的八十分之一，一点大气都没有，而且月表上几乎是彻底的黑和白——没有色彩。月亮的荒凉令人心痛，因为这种荒凉是对人类历史的嘲弄。古往今来，多少文人雅士面对月亮都表现出他们的色彩斑斓的憧憬，而月亮不仅荒凉到极点，甚至连一丝动静都没有。这种从物质到感觉上的极度荒凉，已经无法与人类的任何感觉相衔接——月亮就是外星球。

星外有人吗

〔美〕 简·萨姆斯

你可曾仰望过天上的群星并感到过寂寞孤独？你可曾遐想过，在遥远的不知何方的一颗行星上，星外人也和你一样有着同样的感觉？

在浩瀚的宇宙中，我们是独一无二的吗？人们很难想象，星外人会是什么样子。然而，人们更难想象，寥廓宇宙亿万颗行星中，竟然没有一颗星上有人。

人由宇宙尘生成。构成人体的各化学元素产生于浩繁的星体之中。

在一切生物中都可发现同样种类的"星辰化学物"。这些化学物疏疏落落地分布在整个宇宙之中。

在飘动于星体间的一大片一大片的云状气体和尘埃中，繁多的化学元素互相碰撞，互相结合。如此，便形成了许多有机（碳基）分子（原子群）。

我们所知道的一切生命（地球上的一切生命）都是有机分子构成的。这并不意味着星体之间的云状气体和尘埃中准有生物存在，却可能有生物存在。更重要的是，由于宇宙中到处可以找到构成生命的化学物，因此，绕其他恒星运转的行星上很可能有生命存在。并且其中也会有十分聪慧的动物。

那么，其他星球上究竟有人吗？

迄今，我们尚未发现其他星球上有人。

人类是独一无二的吗？

有人认为，我们在宇宙中是独一无二的。他们确信，生命需要类似地球上的条件才能生存。

但类似地球上的条件究竟是怎样的呢？毫无疑问，这些条件并不仅仅是

人类生存所需要的。

在沸点以上的温度中及异乎寻常的巨大压力下，深海细菌却可以繁衍生长。有的生物则耐得住南极严冬的刺骨严寒。更有甚者，有的细菌只能生在没有氧气的地方。如此茁壮的生物难道不能生存在不如我们地球"舒适"的其他星球上吗？

有人说，宇宙间不可能有比人类文明更发达的文明。

他们认为，如果存在更发达的文明，那里的人早该向我们发射无线电讯号或无人宇宙飞船了，或者，他们早就"亲自"拜访过我们了。

但是，假设他们确实曾经向我们发出了无线电讯号，而我们当时却未必恰好正在收听他们的讯号。

或许，他们已经向我们发出了讯号，然而，他们的信息迄今还未抵达我们这儿。

他们果真知道在偌大的宇宙中应该向何方去寻觅我们吗？

我们的太阳不过是银河系"郊区"里一颗渺小的恒星。而地球不过是围绕太阳这颗小恒星运转的区区一颗潮湿的小石粒而已。

宇宙中遥远的星外人无论如何也难测定出地球的位置。然而，他们能否意外地"撞见"地球呢？这还是完全可能的。

时至今日，尽管有着许多关于飞碟的报道，却还没有人能证明它们就是来自其他星球的宇宙飞船。

那么，假设宇宙中遥远的地方确有星外人。同时，假设他们也和我们一样不能离开自己所处的星系，而且宇宙本身又是一个苍茫浩瀚的所在，那么，我们又怎能发现远在天涯的星外人呢？

地球发出的信息

寻觅星外人的一种途径是发出一些讯号并等待其回音。可是星球之间的距离实在是太遥远了，因此要等很久很久。实际上，我们或许得等上几千年才能得到回音。即便如此，我们还是发了不少无线电讯号。

我们已经在四艘宇宙飞船上放置了讯号。"先驱者"10 号和"先驱者"11 号各载有致星外人的"贺信"。"旅行者"1 号和"旅行者"2 号分别装着发自地球的声音和图像的记录。

星外人当真会发现并理解我们所发射的讯号吗？

我们也能"听"到星外人的情况。这就是外星情报站的活动内容。1983年春天，哈佛大学一位科学家罗·霍罗威茨博士开始了一项长期搜捕来自外星讯号的活动。外星情报站规划将使用电子望远镜终年日夜不停地窥视天际——搜寻可能由星外人已经发出的无线电讯号。

星外究竟有人吗？

设若我们收到并破译了来自外星文明的讯号，那会怎样呢？即使我们无法和他们进行双边对话，那肯定也会改变我们对自己和星外人的看法。天晓得我们将从他们的讯号中获得什么别的信息，或者，他们也许能帮助我们有所进步与发展。

但倘若有朝一日，我们寻觅星外人成了泡影，我们也定会弄清某些重要的道理。设若我们将来发现我们确实是宇宙中唯一有智慧的生物，我们就更有义务（我们自己和我们子孙后代的义务）爱护好我们这个纤弱的星球及其生灵。

"神秘"的 UFO

王开林

世上真有外星人吗？对此，人们众说纷纭。2001 年 4 月中旬，世界上最大和最正规的不明飞行物研究机构——英国飞碟局宣布关闭。他们自称关门的主要原因是近年来在英国发现不明飞行物（UFO）的事例越来越少，众多的研究人员无所事事，因此该机构不得不宣告解散。那么，英国的 UFO 现象为什么日益减少呢？是不是外星人真的"回家"了呢？在英国飞碟局关门不久，美国的飞碟研究人员立刻站出来宣称确实存在 UFO，极力坚持外星人到过地球的观点。而中国的一名飞碟研究人员则提出 UFO 现象其实只是一种光学现象的观点，英国飞碟局的关门恰恰证明了外星人光临地球的说法完全是编造出来的。

首先，UFO 缘于废气排放。1999 年 12 月，就在全国许多地方出现 UFO 现象并引发飞碟热潮的时候，中国光学会会员陈跃就针对 UFO 现象提出 UFO 可能只是一种光学现象的见解，是光线经过大气透镜时聚焦而形成的一个高点。陈跃根据他的"大气透镜原理"就英国 UFO 现象减少的状况与其国内控制废气排放是分不开的。对此，他给出以下的解释：游离的废气容易形成气溶胶质粒，如果这些气溶胶质粒在上升过程中遇上大气比较平稳时就会出现透镜现象。

陈跃认为，假设有一个大气团在离地球表面 43.33 公里的地方，其中间稍厚，由此便形成了一个大气"凸透镜"。按照光学原理，当光线经过大气透镜时，在大气透镜的作用下会聚为一点，这个点在光学上叫焦点。焦点横向移动的面积为焦平面，而这个焦平面就是地球和大气透镜之间的一层大气"毛玻璃"。人们通过肉眼所看到的 UFO 其实就是在这层毛玻璃上的亮点。

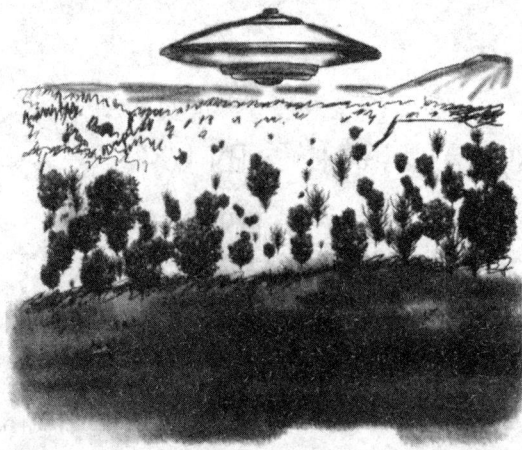

为什么 UFO 照片一般都不太清楚？

其原因是：大气透镜精度远远低于光学透镜，所以只能看到一个模糊的亮斑（实像）在空中飞行。

UFO 降落时为什么会有焦痕出现？

当大气透镜把它大面积接受到的光线聚在地表处，这时的光能将会转变成热能，因而出现焦痕。

为什么看到 UFO 的时间不长？

因为地球在自转的同时大气透镜随之运转，这样所成的像即 UFO 也跟着移动变换，站在地球上的人就会感到 UFO 在远去。

为什么 UFO 来去都不发出声响？

这就更证明 UFO 是光学现象。因为它若是飞行器的话，在空中作高速运动，就要排开空气，气体在高速流动时，由于摩擦作用肯定会有响声发出。

据报道，美国空军在发现 UFO 后派飞机立即追上去，然而却一无所见，飞机回机场后，又出现了 UFO。实际上，UFO 出现在空中就是光线通过大气透镜在"毛玻璃"处所形成的实像，而飞机飞上去等于把"毛玻璃"打碎了，因此飞机看不见 UFO；而当飞机回机场后，慢慢恢复平静的空气又将"毛玻璃"修复，于是又出现了 UFO。

UFO 典型的"草帽"面孔究竟是什么？

"草帽"极有可能是土星和巨大的光线经过大气透镜后会聚在空中的焦点。

二、科海漫步

　　知识是一片蔚蓝色的海洋，把我们深深地浸泡在其中。这是激情的世界，这是奇趣的殿堂。徜徉在知识的海洋里，科学不再是传说，梦想也不再遥远！

海水的源头

秦 牧

海洋总给人以广阔深邃之感，海洋面积为 36100 万平方千米，占全球总面积的 70.8%，而陆地则小得多，仅为 29.2%。可是你是否想过，这么多水是从哪里来的呢？

对于这个问题，自古以来人们就一直在思考。在科技不发达的古代，人们常将无法解释的事物、现象同神话联系起来，对于海水的来源、海洋的成因，同样有许多美丽、离奇的传说。

关于海洋形成的神话在古代的巴比伦流传着这样的故事：月神马尼多克在与恶魔狄亚马德搏斗中杀死了他，并把他的尸体分成两半。月神将一半向上高举，这一半变成了太阳和月亮；将另一半向下沉落，则变成了山岳、河流和海洋。

中国古代同样有一个关于海洋形成的神话，在神话中有个力大无比的英雄名叫共工，他一怒之下触倒不周山，不周山是支撑天地的一根支柱，天地因此失去支撑而倾斜。天倾西北，石头从天上掉下来，从此西北多高山。地陷东南，于是海洋在中国东南方形成了。

时至今日，科学有了巨大的飞跃，但在海水来自何处这一问题上还没有定论。相反，不同的学者从不同的角度入手，提出了千差万别的假说。

大众较为熟知的是"同生说"，即地球产生的同时，海洋也相伴而生了。这种观点将海洋的形成同地球形成的地质演变紧密联系在一起。这些学者认为，许许多多大大小小的固体尘埃气团存在于宇宙中，其主要成分是氢、氧等气体，这些像巨大的云一样的气团，就是星云。太阳系的前身就是一团温度不高、转动不快的星云。

但太阳星云在 60 多亿年前产生了分化，地球物质在太阳的分化时期独立了出来。最初，这些物质以一个个团块的方式混杂在一起，团块在运动过程中互相碰撞结合，逐渐由小变大，一个原始的地球在这个过程中发展到一定的程度时就产生了。原始地球没有现在大片大片的蔚蓝色的海洋以及严严实实地包裹着地球的厚厚的大气。它是没有生命的，一切都未成形，地球温度也不高，各种物质混杂在一起。后来它的内部逐渐变暖，其原因是地球的增长和绝热压缩作用。地球内部的一些放射性元素开始蜕变，释放出大量的不断积累的热量。地球内部不断升温，物质在高温下开始溶解。重者在重力作用下下沉，轻者则上浮，在高温下水汽与大气从其他物质中分化出来，飞升进入空中，形成地球上的厚厚的大气层。后来水汽与大气的温度在地球表面逐渐变冷的影响下降低，水汽凝结成云，行云致雨，通过千沟万壑，雨水在原始的洼地中汇集成江河、海洋。原始水圈就是这样形成的。

研究地球内部构造和物质水分的科学家在海洋形成的问题上提出了自己的观点，他们认为地球表面本来没有水，水是后来从地球内部"挤"出来的，这就是著名的内生说。

科学家推测，原始海洋中海水数量很少，只是目前海水的 1/10，地球上的海水经过长期积累才有了今天这样的规模。海水增加的最主要方式是火山活动。火山爆发时，喷射出 500℃ 左右的以氯化钠、氯化钾等大量氯化物和大量水汽为主要成分的高温气体。有时这种气体喷发时甚至伴随有沸腾的水柱，因而火山活动释放出十分惊人的水分。现在每年陆地和海底火山爆发喷出大量温泉，其水量就高达 6600 亿吨。地球在几十亿年的生命史中经历了漫长的地质历史时期，许多次的火山爆发产生了大量的水，它们汇集在一起，便形成了今天的海洋。

水是不断从地球深部释放出来的，因为几乎总会有大量气体在每次火山爆发时喷出，其中水蒸气最多时要占到 75% 以上。水分也存在于地下深处的岩浆中，火成岩由岩浆凝固结晶而成，里面也含有一定数量的结晶水。

但是，随着人们对火山现象研究的不断深入，发现同火山活动有关的水是地球现有水循环的一部分，并不是什么从深部释放出来的"新生水"。在世界各火山活动区与火山有关的热水中存在一种成分，叫做氘。科学家克莱因对其作了分析，证明与当地的地面水一样，具有相同的同位素比，从而确认了渗入地下的地面水在火山热水的作用下，它们重新上升产生了氘。后来，有些科学家分析某些地区火山热力的氘，发现人工爆炸产生了高含量的氘，这就进一步说明有些火山热水只不过是新近渗入地下的雨水。那些主张地球水来自"娘胎"的研究者根据这些研究成果修正了对火山水的看法，认为在地球演化的早期，现有的地球水从深部释放出来。

与同生说、内生说不同，一些学者认为地球自身没有"能力"产生这么多的水，他们认为海洋中大量的水来自于地球之外，于是提出了外生说。但是在外生说内部，也有很大的分歧。

有些科学家说，地球水是太阳风带来的，是太阳风的杰作。科学家托维利首先提出，太阳风是太阳外层大气向外逸散出来的粒子流。他还认为电子和氢原子核——质子是太阳风的主要组成成分。托维利根据计算得出结论：地球从形成到今天，已从太阳风中吸收了大量的氢，并且其总量达 1.70×10^{23} 克。如果把这些氢全部与地球上的氧结合，就可产生 1.53×10^{24} 克的水，这个数字十分接近现有地球水的总量 145 亿吨。更主要的是，地球水中的氢与氘的含量之比同太阳表面的氢氘比是十分接近的，为 6700：1。因此他认为，地球水来自太阳风的最有力的证据就在于此。但是一些科学家发现，大气中水蒸气分子在太阳紫外线的作用下，会分解成氢原子和氧原子，从而造成地球表面的水向太空流失。当氢原子到达 80—100 千米气体稀薄的高热层中，氢原子就会离开大气层而进入太空，其运动速度会超过宇宙速度。人们的计算结果表明，飞离地球表面的水量大致等于进入地球表面的水量。但地质学家发现，世界海洋的水位在 2 万年间涨高了大约 100 米，至今人们还不能解释地球表面水不断增多的原因。

当人们怀疑海洋中的水形成于太阳风时，美国衣阿华大学弗兰克等科学家提出了地球上的水来自太空中由冰组成的彗星这样一个理论。这个理论引起了科学界的广泛关注。

弗兰克等人自 1981 年以来研究了从人造卫星发回的几千幅地球大气紫外

辐射图像，他们发现总有一些小黑斑在圆盘形状的地球图像上。每个小黑斑大约存在2—3分钟，面积约有2000平方千米。仔细研究和检测分析之后，科学家们认为这些黑斑是由一些看不见的冰块组成的小彗星撞进地球大气层后破裂和融化成水蒸气造成的。每5分钟大约有20颗这种冰球进入大气层，它们平均直径为10米，每颗融化后相当于100吨左右的水，从而每年可增加约10亿吨水。地球大约有46亿年的历史，也就是说，地球从这种冰球中可获得460亿吨水，超过了现在地球水体总量。此外，中国学者李鸿业将天文学和地质学结合起来，在进行大量研究后，独树一帜地提出了海洋水体形成的陨石源说。

在海水自何处来这一问题上，学者们的看法截然不同，每一种假说都有其合理之处，但每一种学说又都会遇到无法解释的现象。海水的真正源头至今还是一个谜。

古尸不腐之谜

李欣雅

日德半岛的夏季凉爽宜人，早晨的一场雨给半岛中部的托隆得山谷森林带来了一些料峭的寒意。凡恩和赫芬妮是来旅游度假的一对青年夫妇，他们在树林里搭了帐篷，白色的奔驰牌轿车就停在旁边。

雨后森林显得格外的幽静，年轻人陶醉在这静谧的气氛中，远处不时传来一些不知名的鸟的鸣叫声。林边有一片沼泽地，凡恩提着猎枪迈步走向森林与沼泽地的交界处，准备打点野味。山林里各种飞禽走兽很多，凡恩也不担心打不着野味，因此毫无顾忌地走着。突然，凡恩发现好像有个人趴在沼泽地里。他仔细观看，这是一名赤身裸体的男子，身体的一半在泥浆里埋着……

当地警察接到报告后，立即赶赴现场。警察们认真地勘察了现场，死者看起来像刚死不久，两颊还留着短短的胡须。他们一致认为遇到了一起案发不久的凶杀案，凶手好像残酷地绞死了死者后，运到此处，仓促扔在沼泽地中。警察局动用了大量的人力物力，聘请了富有经验的警探，来破此案。由于现场几乎没有留下凶手的任何痕迹，此案显得格外扑朔迷离，甚至连死者的身份也无法知道，因为当时没有发生一件类似的失踪案。法医初步鉴定也没有发现任何可疑的情形。此案发生在上世纪50年代，曾一度成为当地的"怪案"。

不久，有位高明的法医重新鉴定了死者的头发，结果令人大吃一惊。该尸体竟然是铁器时代初期遗留下来的古尸。人们不禁要问这可能吗？一具古尸竟然能保存这么久而且还完好如初？

其实近年来，世界各地不断发现保存完好的古尸以及木乃伊。我国在发掘古墓时也屡次发掘出非但不腐烂而且还栩栩如生的古尸，譬如新疆的楼兰女尸；广西发现的古尸，开棺时异香扑鼻；湖南等地发现的汉代古尸，肌肤柔韧，颜容宛如活人。

古尸怎么不会腐烂呢？这要从古尸制作说起。古埃及人在国王死后，为了使国王的躯体保存完好，就将他的尸体制成木乃伊。他们将尸体的内脏取出，甚至在头顶上打开口子，从头壳里取出脑髓。然后加入特殊的香料充当防腐剂，使尸体不会腐烂。

在加拿大安大略皇家博物馆，珍藏着一具精心制作的木乃伊。这是一个精致的模壳，外面缠着饱浸胶粘剂的细麻布，模壳内即为一个保存完好的古代埃及妇女。

该博物馆的科学家为了检查这具外壳美丽的木乃伊有无腐化现象，同时看看壳体内还有什么随葬品，通过 CT 透视扫描的方法，进行分层连续摄影，还用计算机测出了许多数据。根据扫描显示出的纤维组织和骨骼的结构看，推测这具木乃伊生前是一个 20 岁左右的健壮少女，至今已存在 2700 年，仍无腐化现象。在她的腹部左边发现一个切口，上面盖着一个长方形的薄片。估计制作这具木乃伊时，就是从这个切口里把内脏掏出，经涂抹香料后再放回体腔内。

防腐香料对保存尸体起着不可低估的作用，本文开头提及的古尸，由于其所处的泥炭沼泽地的水中，含酸量和含铁量很高，这也许是古尸未腐败而成为一种天然的"鞣尸"，泥炭土成为天然的防腐剂，加上气候寒冷，大部分时间是隔绝空气密封起来的，因而古尸肌肤柔韧，关节可以活动，很容易被错认成"今尸"。

几千年前的古尸保存得如此完好，不仅仅是由于防腐香料的作用，还必须掌握保存尸体的外环境因素。大多数不腐的古尸、木乃伊必须隔绝空气、水分等才能保存完好。我国湖南马王堆汉墓，几乎是一个真空的墓室，尸体殓入多达 6 层的厚木板涂漆棺椁，在四周用粘性和致密性很强的白膏泥，连同吸湿性极强的水炭填实，这就高度隔绝了空气和水对尸体的腐蚀作用。而且在墓室密封后，完全消除了外界光线、温度、湿度等对尸体的损害，使尸体得到"永恒"的保存。

古尸究竟为什么不会腐烂？为什么会保存得如此完好？在蛮夷不化缺医少药的时代，古代人是怎么弄到防腐香料的呢？在科学不发达的古代，他们是怎么知道保存尸体需隔绝空气、水，是他们知道了细菌能使尸体腐烂吗？如果这样，巴斯德发现的微生物理论要追溯到古代了！另外，马王堆汉墓的建造者是用什么方法将墓室建成近乎真空的房间，而真空机是直到近代才发明出来的。

这些奥秘至今科学家仍在努力地探索，现在如此发达的科学技术要想揭开古尸不腐的秘密尚有很多困难。古人究竟怎么掌握其中的奥秘呢？仅仅是防腐剂就有相当多的复杂问题没有解开，更不必说，这些防腐剂历经沧桑巨变，到挖掘出来时，已经"今非昔比"，无论是物质含量，还是物质性质都会发生一系列的变化，这些变化确实阻碍了我们揭开古尸不腐之谜。科学研究是没有止境的，随着现今科学技术的突飞猛进，相信有一天古尸的许多奥秘也会随之真相大白。

会唱歌的沙丘

明子

如果你听到沙子在唱歌，你会怎么想？

1961年夏天，新华社记者寄出了一篇通讯，叙述着他们在塔克拉玛干的奇怪经历。其中提到一天晚间，他们在一个有百米上下高的沙丘顶上宿营，爬上沙丘后，他们突然听到嗡嗡响的奇怪声音，好像有人在弹琴，大家仔细一听，原来是大量沙子在向下滑动时而产生出来的声音。于是他们故意掀动许多沙子，让他们滚下去，这时就不是嗡嗡的"琴"声了，而是发出了轰轰的巨响，好像有一架飞机在天空盘旋似的。

这种会"唱歌"和"弹琴"的沙丘，在我国别的地方也有。甘肃和宁夏都存在着会发出声响的沙丘，人们称之为"鸣沙山"。国外也存在着不少这样的沙丘，不仅沙漠中有，在许多海滨、湖畔也发现过。

为什么这些沙丘会"唱歌"呢？有的人推断这是因为砂粒滑动时，他们之间的孔隙有时大有时小，变动频率大，空气时而进入孔隙，时而又被挤出，因此产生了振动。

也有人认为这是沙丘下面存在着一个潮湿的沙土层，当上面干燥的沙颗粒震动传到潮湿地带时，就会引起共鸣而发出声响。沙丘下面存在着潮湿层是可能的，但是潮湿层是否会引起共鸣？这还不能确定。

有些科学家指出，只因沙漠表面的细砂子干燥，含有大量石英，被太阳晒得很热后，再受到风的吹动或有人在它上面走动，沙粒产生互相摩擦才有可能发声。近年来有人还作了更深一层的解释，认为因为石英晶体对压力非常敏感，当它受到挤压时就会产生电，而在电的作用下它又会伸缩振动并发出声音来。

尽管有许多不同的解释，但是沙丘发声仍然是个秘密。

海洋为何会五光十色

阳 明

蓝蓝的大海，是许多人的神往之处。可是你知道吗，海洋并不只是蓝色的，在我们的地球上，还有"红海"、"白海"、"黑海"等。可以说海洋也是五光十色的，那么你知道海洋为什么会五光十色吗？

我们知道，太阳中红、橙、黄、绿、蓝、靛、紫这7种颜色的光混在一起，就成了白色的阳光。这7种颜色有不同的波长，所以被海水吸收、反射和散射的程度也不同。红光、橙光和黄光光波较长，具有很强的穿透力，水分子容易吸收，射入海水后，随海水深度的增加逐渐被吸收了。一般来说，在水深超过100米的海洋里，这3种波长的光，大部分都被海水吸收。而蓝光、紫光和部分绿光光波较短，具有很弱的穿透力，遇到海水分子或其他微粒时会有不同程度的散射或反射发生，人眼对其中的紫光比较不敏感，因此我们就觉得海水是蓝色。

天气也会影响海水的颜色。万里晴空的蓝天会映得大海更蓝；而在云雾的笼罩下，则使大海显得灰暗。

　　海水的颜色还会受到海水中泥沙的含量的影响。海水中含有的泥沙若很多，则呈现出黄色。中国的黄河注入渤海时，由于携带了大量的泥沙所以附近海面呈现黄色。

　　此外，海洋的颜色还会受到海洋里生物的影响。位于亚洲和非洲大陆之间的一个长方形的海，海水微红，被称做"红海"。原来有一种叫"蓝绿海藻"的植物在那里海水的表面繁殖生长。这种植物死后，呈现红褐色，海面上漂浮着大量死去的蓝绿海藻，海水就变成红色的了。

能站尽量不坐，要坐选好椅子

丁永明　编译

站比坐好

直到 19 世纪，人们还很少坐着：站在高高的斜面写字台前签署票据、朗读诗歌……如果有女人在场，那么文质彬彬的男人从来不坐。当职员们向科长报告工作的时候，"咔"的一声碰下脚跟站着，不敢坐下。当时，连农村学校的小学生都是在课堂里走来走去，站着心算解题的。

今天，一连几小时坐在计算机前，给身体造成的危害是不言而喻的。另外，人们似乎认为，只有坐着才算休息。实际上，坐着的时候，人的脊柱下部的负担比站时要重 40%，因为站着时脊柱保持自然弯曲，而坐着时就不是这样。人的脊柱圆盘虽然适应非均衡力的负担，但是也不能一天连续工作 8 小时，否则，血液和淋巴流通受阻、肌肉新陈代谢遭到破坏。一动不动的姿势会引起脊柱病，内部器官首先是骨盆的血液流通严重阻塞，导致各种重病。痔疮和前列腺炎更是与诸多的电脑迷形影不离的并发症。

尽量在工作中间安排休息，不要懒于站起来活动活动，可能的话，有一些工作就干脆站着完成。如果你的工作无法站起来，那么回家以后，尽量采用立式或卧式的姿势，别忘了做操。厨房里不要有凳子。说到凳子，因为没有靠背，有害健康，最好用椅子代替。还有，挤进公交车或地铁车厢，不要急于找座位。记住：把座位让给老人或妇女，这样做对你的健康也有益。

椅子不能随便坐

什么样的椅子最好？功效学专家（研究劳动效率）证实，至今还没有找到椅子适合人的最佳参数。尽管如此，你在坐下去之前，还是要看看椅子是否符合下列要求：沙发椅要有调节设备，随时调节座位和靠背的高度以及靠背的斜度。座位高 40—50 厘米、宽不小于 40 厘米、深不小于 30 厘米。靠背支撑面高度同样不少于 30 厘米，宽不小于 38 厘米。靠背的倾斜度在 90—110 度之间。

坐在这样的椅子上，根据自己的身高，采用舒适的姿势。为了增加躯干和大腿之间的角度，背稍稍后倾，能促进血液循环，减少脊柱负担。双手放松，前臂和手掌跟地面平行。座位稍稍向前倾斜，便于把压力从脊柱转移到大腿和脚上。坐垫的边向下卷，也能减轻大腿的压力。

如果是工作椅要有扶手。座位和靠背要有柔软、防滑、透气和不带静电的椅套。个矮者，跟椅子配套要有脚踏板：长 40 厘米、宽 35 厘米。

具备了上述条件，人坐在椅子上，就能做到姿势从容、安详和舒适，肌肉和脊柱不会紧张，你也就不会很快累了。

让你好心情

选购椅子还要听一听心理学家的意见。不仅要考虑家具的工艺设计的舒适性，还要顾及坐在椅子上的心情。

有这么一个故事：有一位狡猾的商人在办公室里放了一把特殊的椅子。当对手要求见他时，他把办公室里所有的椅子都收走了，只留下这把奇特的椅子。来访的对手只能坐在这把椅子上。原来，椅子的包装材料很滑，坐在上面前倾下滑。对手为了不倒下，必须绷紧双腿的肌肉，因而会感到很不舒服。谈判匆匆结束，对手签了一份吃亏的合同。

就像衣服能让女人感到自由随意或拘束难受一样，椅子有时也能改变人的内心感受。如果椅面的凹沟靠近座位后部，靠背后仰，人坐在上面，脑子里就容易充满幻想。正因为如此，沙滩躺椅让人的心情变得浪漫而轻松。而摇椅又让人被空想笼罩，只要一站起来，惊人的计划就消失得无影无踪。即使是普通的椅子，靠背稍稍向前，饭前在上面坐一坐，也能增进食欲。至于法官，因为要作出严肃的判决，他的椅子就像一个宝座，那可不是没有道理的。

人类从何处来

王峰耀

对于"人类起源于何处"这个问题，科学家和人类学家们进行了大量的科学考察，但仍然没能找到真正的答案。人们历来对人类起源何处持不同观点，有人认为人类起源于外星球，外星人是人类的始祖；有人认为人类起源于古猿，是由古猿进化而来的；还有人认为人类有两个祖先，即古猿和海洋生物等等。

要研究人类起源，先要了解人类进化的历史。人类进化至今是不是只有30万～40万年的历史呢？当然不是。人类进化至现在，已经有上百万年历史，通过碳14已经精确地估算出人类是某种3万—4万年前的高度文明的产物，并有一个活跃、鼎盛时期。

我们的地球曾经不止一次遭到大爆炸、大洪水、大灾难的侵袭，因此古文明可能一毁再毁，古人类也死而复生。

对于这些大灾难的各种传说，有据可查的历史可以追溯到1.2万年以前，刚好在冰河结束时期。我们必须重视这些传说，决不能单纯地认为这是神话或多事的臆测。同时这也证明了人类远在1.2万年以前就有了灿烂的文明，而且比4000年前甚至比今天更发达。

于是有人推测，地球从诞生至现在的45亿年历史中，曾经多次有生命产生。主要经历了五次大灭绝，这五次大灭绝发生在距今5亿、3.5亿、2.3亿、1.8亿和6500万年前，地球上的生命也灭后生，生后灭，周而复始。有人曾经发现了20亿年前的核反应堆遗迹，因而认为可能20亿年前地球上就存在过高级文明生物，但不幸毁于一场核大战或特大的自然灾害。总之，在太阳系运行轨道的某个特殊位置上，存在着导致大灾难的因素等待地球，如地球气候的周期性变化，地球磁场的周期性消失等，前一届高度文明一旦毁灭，随后又会导致高级智慧生物的周期性起源和进化。6500 万年前恐龙的灭绝也是由此引起。

物理学家弗里德里克·索迪认为："我相信人类曾有过若干次文明。人类在那时已对原子能了如指掌，但由于误用，使他们遭到了毁灭。"这太难以想象了，大部分科学家们认为这仅是一种主观猜测，是不能令人信服的。但是另有一些人坚持自己的看法，认为我们的地球早已存在 50 多亿年了，而人类文明怎么能仅仅有 5000 多年的历史呢？

有趣的是，美国国家航天局盖·福克鲁曼博士等人根据阿波罗计划所掌握的小天体撞月球的历史资料，详细分析了小天体撞击地球所导致的后果，证实了上述观点的可靠性。但人类考古学上的一系列发现使人们不得不改变观点。比如考古学家在南美洲发现了一个古代星空图，据考证，该星空图描绘了 2.7 万年前的星座分布状况，图上的符号记述的是极其深奥的天文知识，到目前为止，科学家们仍弄不清这些符号表示的意义是什么。在秘鲁珍藏着一块 3 万年前的石刻，石刻描绘着一位古印第安学者手持一个跟现代望远镜非常相似的管状物观测天象。而人类在 17 世纪中期才发明望远镜，至今不过3 个世纪，3 万年前的望远镜又是何人所制？

对此，许多考古学家都难解其中的奥秘，困惑不已。他们认为，除非外星人所为，近代人类或古代某一个时期的人类是绝对做不到的。瑞典学者丹尼肯把这一切不可思议的谜一概归之于"神"，他在代表作《众神之车》中写道："神来到了地球，并教会猿识字、吃熟食、穿衣服、建筑等等，在猿变化成真正的人之后，才离开地球。"并且他预言，"神"将在不久的将来再次光顾地球。事实上，他在书中提到的"神"就是指外星人。

许多比较严肃的科学家仍然对丹尼肯的理论持怀疑态度。因为无论科学家们怎样努力，至今仍未找到外星人存在或来过地球的有力证据。对丹尼肯的理论，目前在世界上依然是毁誉参半，褒贬不一。

英国学者达尔文则认为人类起源于非洲。他指出，两足直立行走的行动方式，以及小的犬齿、高的智力和能使用工具等人与猿最主要的区别，与从树栖转变到以狩猎为主的地面生活有关。他说，在地面生活的灵长目动物在生存斗争中学会了用两足行走，使其双手能空出来携带狩猎使用的武器。用这些武器作为自我保护和捕食的工具，用增长的智力来指导武器的使用，致使大而突出的犬齿失去了作用，慢慢退化了。

科学家经过观察，发现人类有许多性状与其他陆生灵长目动物不一致，而这些性状却在水生生物中找到了。所以，有科学家认为这些性状是人类从水生生物获得的遗传因素，或者说人类是由两个或两个以上的物种组合形成的，人类是"杂交"产物。这就是人类双祖先复合来源说。这种学说认为人类有两个祖先：一个是古猿，另一个是海洋生物。当然这还只是依据考古史上400万—800万年间古猿化石空白而提出的一种假说，还没有绝对可靠的证据。

人类起源于何处呢？人类的祖先究竟经历过怎样的世事变迁，才发展成为我们现在这样具有高度文明、充满智慧和无穷力量的高级生物的呢？这真是一个值得研究的关于生命科学的命题。

出生前的奇妙世界

原　野

　　子宫内的胎儿生活已不再是神秘莫测的了。如今我们已能看到胎儿在出世前几个星期的活动乃至情绪。

　　他在自己那个羊水的海洋中已经漂浮了8个月。今天早晨，他醒来，睁开眼，打了个哈欠，使劲儿地踢了几下。他的脐带在小手边漂动着。他玩了一会脐带然后把小手举到嘴边吸吮着大拇指。他听到妈妈的心跳和消化道发出的咕噜声，此外，他还听见了妈妈在和爸爸说话。他觉得挺有趣，便不再吮大拇指，仔细听着。妈妈开始走路了，走路的动作又轻轻地摇晃着使他入睡了。

　　在不久以前我们还只能设想胎儿生活究竟是什么样子。随后，超声检查给子宫打开了一个窗口，医生可以在屏幕中看到胎儿的每一个动作，图像显示胎儿在打哈欠、吸吮、抓取、伸臂、眨眼，甚至出怪相——总之，出世后所做的动作他都能做。

　　在子宫内的胎儿生活在声音的海洋里，研究人员从母亲的阴道放一个微型麦克风"窃听"，发现胎儿可以听到妈妈的心跳、肠鸣音和肺的呼吸声。

　　医生们还给孕妇放各种录音带听，从鸟鸣到驶过的火车都有。放置在宫内的麦克风可以接收到几乎每一种声音。一位叫菲兰的医生听了在子宫内的录音后说："简直令人难以相信，子宫根本不是个宁静的圣地。"当重放录音时，菲兰发现在子宫内听到的声音吵得人不舒服。不知在噪声很大的环境中工作的妇女其胎儿会不会受到损伤。

　　他用一只小脚试试胎盘那软似枕头的组织，他像一只被脐带系在岸边的小船。他喝了一些羊水，那味道有点像海水。他咽了下去，打了阵嗝，他妈妈觉得他似乎在微微地有节奏地跳动。

　　他不再打嗝了，又舒服地照自己喜欢的姿势呆在子宫里——臀部抵着妈妈的肋骨，背朝着她的左侧——又打起了瞌睡。

胎儿就像行将去参加运动会的运动员一样，为了出生后的生活进行训练。他不需要呼吸，但是膈肌却照样练习呼吸动作。他不吃不喝，却也喝羊水。

羊膜囊像个大水泡似的包围着他，使他免受震荡和气温的变化。它很滑润，使他可以自由活动，这对骨骼和肌肉的发育是至关重要的。

长期以来都认为胎盘是母子之间的保护性屏障，实际上不是那么回事。吸烟、饮酒、服药带来的毒素以及由于紧张产生的激素都从母亲的血流通过胎盘和脐带进入胎儿的体内。对于母亲来说无关紧要的小病都可能影响胎儿的健康和发育——家里和工作场所的许多化学物质也一样会有影响。

正常情况下，胎儿不会有饥渴之虞。但如果母亲营养不足，胎儿的饮食也会缺乏。营养不良的胎儿会做出哭喊的动作。应该指出，吸烟过多会阻碍胎盘的供血。

收音机的声音惊醒了他。他对这新鲜的感觉眨眨眼，出了个怪相，对音乐声发生了兴趣。他转过头把耳朵贴近那外部的世界。他感到妈妈的肚子上压着一本书。他踢了它一下。妈妈的笑声像一阵沉闷的嗡嗡声。她拍了拍他踢着的地方。小家伙跟妈妈做起游戏来，他又踢了一下作为回答。玩了一会儿，他不愿再继续下去，又睡着了。

在最后的几周内，胎儿可使用他的各个感官了。视觉在子宫是最用不着的东西了。但是光线透过妈妈的赤裸的肚皮时，睁着眼的胎儿会把脸转向光亮的方向。他只能看见一种模糊的光亮，仿佛我们用手捂住手电筒时看到的光一样。

怀孕末期，胎儿的味蕾也已发育完全了，他比较喜欢甜味。一位医生把过量的羊水和糖精以及染料注射到子宫内，以便让胎儿多喝进一些羊水，然后再把摄入的多余液体排进母亲的循环系统。结果，注入甜的羊水时，母亲的尿中染料就多。

未出世的小家伙是不是能识别妈妈的声音呢？实验证明他也具有这个能力。他对妈妈的声音很喜欢，而对爸爸的声音就没有那种天生的兴趣了，新生儿对本国语言的节奏也能识别。法国的婴儿听到法语和俄语时，对法语的反应更为明显。

　　还有人实验过给胎儿唱"子宫催眠曲",胎儿听到歌声后常会做出某种持续的动作。这首歌同样可以使吵闹的新生儿安静下来。

　　重重的一震惊动了他,原来是妈妈绊了一下摔坐在地上。不过他周围都衬垫得极好,一点儿也没有伤着,反倒是妈妈摔疼了。又害怕伤着小东西,以致母子体内都增加了肾上腺和其他因紧张而分泌的激素。他哭了起来,用力地又踢又踹。因为没有空气,所以他哭起来没有声音。妈妈恢复过来了,激素也消退下去,他于是安静下来。

　　生活中的波折甚至有益无损,因为变化可以刺激胎儿。然而,严重而得不到宣泄的紧张情绪可就是另一码事了。目前还不清楚紧张情绪本身,以及常常伴随营养不良、吸烟、饮酒或吸毒而带来的影响到底会不会造成问题。但胎儿总会受到影响的。

　　过去几个月里,他一直觉得自己这个小小的家紧紧包着他,仿佛妈妈在搂抱着他似的。今天,好像妈妈越来越常搂着他,而且越抱越紧。有节律的按压持续着,头部的压力不断加强。突然头部的压力解除了——他的头部娩出了。然后身体的其余部分也从妈妈的体内出来了。光亮、寒冷,一下子失去的束缚弄得他不舒服,他于是哭了起来,踢着小腿,紧闭着双眼。

　　阵痛不是母亲强加给孩子的,也不是随心所欲的事。这是一场舞蹈的高潮,而这场舞蹈主要是由孩子领衔主演的。正是他身体的变化使得母亲的子宫和盆腔做好临产的准备,而母亲身体的变化不过是为了帮助小孩子出世后的生活做好准备。

　　分娩时,宫缩的压力会阻止血液流经胎盘,从而造成一阵阵的缺氧,但对于一个发育良好的健康婴儿是没有问题的。

　　他的不快一会儿就过去了。他发现自己躺在温暖而柔软的东西上,它轻轻地一起一伏。有人用手抚摸他,捧起了他。他的眼睛还在闭着,听着熟悉的妈妈的心跳,感到安慰。还有她那熟悉的声音,如今离得更近,听得更清楚。他的身体放松了。过了一会儿他开始眨眼,终于睁开了眼睛,环顾着周围。在他能够聚精会神看清的地方有一张面孔。他感到好奇,极力要盯住了看,由于用力他皱起了小眉头。终于他知道了他原先熟悉的声音正是这张面孔发出的呀!他的脸蛋浮现出惊奇的表情。

诺曼底上空的电子战

向　南

1944 年 6 月 6 日，英美联军在法国西北部的诺曼底发动了一场举世闻名的登陆大战役。这一大战役是英美联军著名的"霸王行动"的重要组成部分，目的是夺取集团军群登陆场，为开辟欧洲第二战场，发展对西欧的进攻，配合苏德战场最后击败纳粹德国创造有利条件。

第二次世界大战后期，德国希特勒已经到了穷途末路、困兽犹斗的地步。德军为了作最后的垂死挣扎，在诺曼底半岛的海岸线上构筑了"大西洋壁垒"的防线，妄图倚仗海峡天险抵挡预料中的英美联军的登陆。防线中设置的雷达如蜘蛛网密集，以便密切侦察、监视英美联军的飞机、军舰的活动。这些雷达，在战役开始的前一个多月，便遭到英美联军的飞机和火箭猛烈袭击，摧毁了其中的80%。

"兵不厌诈"。为了不让敌人知道登陆的确切地点，英美联军于战役开始的前夕，也就是 6 月 5 日，在多佛尔海峡组织了一次大规模的电子干扰佯攻。那天的傍晚，在夜色掩护下，英美联军出动大量舰艇，艇上装载有角反射器，并拖着涂有铝粉的亮晶晶大气球，上空还用飞机抛撒了许多银灰色的金属箔条。角反射器有很强的反射电波能力，使德军雷达观察员误认为是大型军舰；上空抛撒的金属箔条，则造成有大批飞机掩护登陆的假象。另外，还在附近海岸空投人体模型模拟空降伞兵部队，又用一小批装有干扰机和投放金属箔条的飞机，模拟成飞向德国军队驻地的大规模轰炸机群。干扰时间长达 3—4 小时，成功地欺骗了德军的"眼睛"，使德军误认为英美联军出动了大量舰船和大批飞机，正向布伦方向攻来，赶忙调动许多舰船、飞机和防御部队进驻布伦地区，以防御英美联军从布伦登陆。

"调虎离山计"成功了。正当德军全神贯注设置新防线的时候，诺曼底登陆战役开始了。6月6日凌晨1时，一场暴风雨刚刚过去，英美联军借助有利的气象条件，突然发起攻击。首先派出20架干扰飞机打头阵，干扰德军雷达的"视力"，使得残存的雷达变成"瞎子"、发挥不了作用。随后出动了一支强大的部队，向诺曼底半岛发动了真正闪电式的进攻。德军做梦也没有想到，英美联军会从英吉利海峡抢渡，直到在诺曼底海滩发现蜂拥登陆的联军主力部队时，才如梦初醒。然而大势已去，追悔莫及。英美联军没有遭到任何强有力的抵抗，顺利取得了诺曼底登陆战役的胜利。

电子战，在诺曼底"霸王行动"战役中大显身手，作出了不可磨灭的功绩，使联军的伤亡减少到最小程度，而德军损失惨重，仅联军俘获的德军就超过4万人。

在现代化战争中，这种敌对双方使用电子设备和器材进行干扰和反干扰的斗争，就叫"电子对抗"，对于这一新名词，有人干脆把它称为"电子战"。

确实，电子战不像枪战炮战，它没有用电子去消灭杀伤敌人，或者摧毁敌方阵地，而是侦察对方电子装备的性能和位置，干扰和破坏这些系统的正常工作，降低对方电子设备的效能，使雷达变成"瞎子"、无线电通信变成"聋子"，制导兵器（如导弹）失去控制，同时又保证自己的电子装备免受侦察、干扰和压制，使效能得到充分的发挥，成为一种名副其实的"无形的战争"。

电子战的应用范围非常广泛，目前，应用较多的是雷达对抗和无线电通信对抗，它们分别是军队指挥联络和武器操纵控制不可缺少的"耳目"和"神经中枢"。在现代电子战中，谁压倒了对方的雷达系统和无线电通信系统，谁就在更大程度上取得了战争的主动权。上面所讲的在第二次世界大战中诺曼底登陆战役故事，就是一个例证。

三、自然之旅

　　美丽的大自然是万物之母，她以神奇的力量孕育着无限神奇。看那辽阔无限的大草原，望那无边无际的沙漠，品那充满神秘气息的原始森林，听那与心跳同节奏的大海。大自然中有太多的奥秘牵动着人们的好奇心，催促着人们不停地探索追寻，也在探索中和自然保持和谐的发展。

冰岛，地球上最美丽的伤痕

颜美凤

冰岛是地球上的一道伤痕。据地质学家研究，2000 多万年前，欧洲大陆板块和美洲大陆板块分离，在北大西洋深处扯出一道裂缝，地心的岩浆从裂缝中喷发，凝固以后，就成了冰岛。

街上碰不到警察

从瑞典的斯德哥尔摩乘飞机，只需 3 个小时便抵达冰岛的首都雷克雅未克。冰岛受墨西哥湾的海洋暖流影响，气温暖和，冰川只占冰岛 1/10 面积。我们抵达时正值初夏，四处绿草如茵，气温徘徊于 8～14℃之间，又是意料以外的舒适。

冰岛是全球第十一大捕鱼王国，却只有 20 多万人口，国民每月平均收入达 1900 美元，生活指数一直徘徊于全球第四至第七。冰岛人日常使用的能源，便宜得近乎免费，政府又为国民提供免费大学教育，终生免费医疗福利，因此贫富差异不大，犯罪率几乎为零。

我们在街上从没碰到过一个警察。导游小姐笑说：冰岛人口那么少，没有人会犯事，因为受害者很可能是你的亲戚！

寻找碧玉的踪迹

因为地理上的孤立，关于冰岛的人与事总带着一抹神秘的色彩。冰岛人常笑说，自己的国土自 9 世纪由维京海盗发现后，便被人遗忘了，有时甚至被一些简易地图所省略。直至出了个歌手碧玉。

　　我期望在冰岛的街上，能遇见像碧玉那样五官精致、又有点像蒙古人的漂亮脸孔。但是，纯正的冰岛人却是金发蓝眼的"洋人"，跟北欧甚至美国白人都差不多。走在路上，也是人人一身乡村式朴实打扮，没半分碧玉式的创意、大胆。城内遇到的女侍应说得最坦白："碧玉大胆，因为她已经去了英国。"

　　冰岛位处北极圈外，与世隔绝，除了地热、水力、渔产以外，几乎所有的资源都靠国外输入，因此物价贵得惊人，选择又少。但是走在雷克雅未克的街头，深深吸口气，会发现空气是前所未有的香甜，那就是运用天然资源取代石油带来的最大得益——无污染。

泳衣奇贵差点错过温泉

　　冰岛的风光，不会让人失望。间歇喷泉区是看地热的好地方，有多种由地热形成的奇怪景观，包括喷泉、彩池、喷气孔等。其中最著名的是小间歇喷泉，它的中央有一口径约10余厘米的泉眼，水温在百度以上，每8分钟便会连续喷射两三次，届时，能看到沸腾的水喷出口而形成碗状，继而变成水

柱直喷上 20 米空中，令人叹为观止。

要见识冰岛人对地热的妙用，全国最大的天然温泉蓝湖有最佳的演绎。冰岛人泡温泉爱穿泳衣，我唯有赶往百货公司选购一件，但是货架上的价钱牌都好像多写了一个零，看得我瞪大了眼。我从特价货架上努力地找，找到一套中国制造的全场最便宜的泳衣，也要近 170 美元。从来也算慷慨的我，顿时感到皮肉赤痛，差点要放弃泡温泉的念头。

幸好没有。来到被一块块黑色火山岩重重包围的蓝湖，才发现这是我见过的最迷人的温泉。整座露天温泉建在一座死火山上，眼见一缕缕蒸气从层层岩石上袅袅上升，酷似月球表面，衬上那乳白而带暗蓝的泉水，美得难以言喻。泉水像有魔力，叫浮沉在里面的人都是一脸陶醉。当地的小孩努力地从岩石间，挖出沉淀在湖底的白色矿物泥，涂到脸及身体上，据说这泥有滋养皮肤的功效。我在湖中遇到一群来自美国墨西哥州年逾 70 的老太太，泡在一年四季都维持在 40℃ 的泉水里，兴奋得像小女孩般叫喊：我想我登上了月球！

地热资源随便挥霍

首都附近的古佛斯瀑布，是冰岛最大的断层峡谷瀑布，宽 2500 米、高 70 米，由无数河流与冰川融化的雪水与雨水汇聚，同时流向大海，气势磅礴。还未走下那直达瀑布的梯级，来自河水猛烈拍打岩石激起的水花，使我们由头到脚湿作一团。那震耳欲聋的水声，令我整个人震动起来。

地热与水构成令人叹为观止的大自然景象，也为冰岛带来了无穷无尽的天然资源。现时冰岛只使用了 1% 的地热能量，过剩的资源，令冰岛的小村落都舍得彻夜亮着街灯，90% 的家庭均装有地热暖气系统，居民奢侈到将人行隧道、停车场等地方都装上地热暖气。即使在寒冬，也为冰岛居民带来无比的温暖。

连基因也值钱

冰岛的孤立位置，令她保存了很多别国早已失去的东西。现时的冰岛语，是9世纪维京人（即挪威人）带来的，现在这种古挪威文字，连挪威人都不懂了。而自从维京人带来第一批马以后，就没有再输入其他的品种，因此冰岛有品种最纯正的冰岛马，一直深受各地的马商喜爱。冰岛马身形细小，前额一排长长的刘海，有着一副英挺的外形，天生有顽强无比的耐力和强壮的体魄。它们是冰岛人的骄傲，也是带领游客漫步火山的忠实伴侣。不止马，冰岛人也被视为地球上最纯种的人类。几个世纪以来，仅有为数极少的外族迁居于此，他们的基因，被视为研究与疾病有关系的理想基因。

每个冰岛人都有完整的健康资料和族谱记录，有利于研究个人病史和遗传的关系。冰岛的 Decode Genetics 公司，以每年 100 万美元向政府购买全体国民的医疗、族谱记录，然后转售与进行有关研究的国家，又带来新的收入。早在精品店见过一罐冰岛的清新空气出售，我想一罐印上最佳人类基因的罐头，也将快面世了。

让地图忘记冰岛

曾有评论说，冰岛人是世界上最幸福的民族。要幸福地活在全无污染的国度，代价是要忍受那贵得惊人的物价，当我穿着那件我发誓永不再穿的 170 美元泳衣，咬着那价值近 13 美元一小角的冰冻薄饼时，实在无法认同冰岛人的幸福，除非别无选择也是一种幸福。

但冰岛人又确是我见过的最优秀的人种，他们天生酷爱诗歌，热爱文学。诗集是书店永远的畅销书，随便一个当地导游，随身都带着一本厚如百科全书的《萨迦》（Saga，冰岛中世纪的一种英雄传奇式的叙事散文，类似我们的文言文）。冰岛人闲时爱写写诗唱唱歌，跟他们闲聊的话题，总是在人生意义、生存目标上转。

在这个残酷的现实世界里，冰岛却拥有如仙境一样的风光，连人都像活在梦幻里，有幸一游后再也难忘。于是我自私地希望，粗糙的地图一直把冰岛遗忘，以免打扰她的清幽！

唐山会再次发生大地震吗

翟　岩

　　1976年7月28日，一场空前的灾难忽然降落到华北平原，著名城市唐山一夜之间变成了废墟，唐山人在一夜之间失去了亲人和家园。但是唐山人没有吓倒，而是在党和全国人民的支持下，重建了家园。

　　当一个全新的唐山展现在你面前时，你不禁会问：新唐山会不会再遇到大地震呢？城市中的安全和建筑物坚固程度如何呢？

　　据有关部门的研究报告，唐山在近百年内不会再发生像1976年那样的大地震。理由如下：

　　从统计角度来讲，对华北地区首次强地震重复性统计表明，8级以上的地震基本上没有在原地上发生过；7—7.9级地震大概在4000年内，在50千米范围内，重复发生的机会小于0.02%，即可能性非常小。

　　从地质研究上来讲，由于1976年唐山地震除发生了7~8级主震外，还发生了许多6级以上的强余震，这样不仅使唐山地区地下岩层破碎严重，而且使以后的地震强度随着震波受阻而相对减弱。同时，由于唐山地区地壳内部的受力方向并没有变化，仍然和华北大区域一样，而具有破坏性大地震的能量积累要经过一个漫长的岁月，所以唐山地区在以后几百年内不可能再次迅速积累到造成强烈地震的能量。

　　还有就是从建筑学上的研究来说，建筑师们对唐山的地形设计新唐山建筑物时，已经把抗地震因素考虑在内，即新房采用的框架结构等等，使新唐山的建筑物抗震指标大约在强度8度以上。

　　综上所述，无论从统计学、地质结构或建筑物结构分析情况中看，新唐山近期内不可能发生大地震，即使有地震，强度也不会很大。因此现在的唐山相对来说是比较安全的。

蓝色国土上的红色幽灵

赵永新

1998 年 9 月，中国渤海锦州湾海域风和日丽，美丽的大海，天蓝海碧。夏天的余温却还未从海水中散尽。然而，一个人们不愿看到的幽灵正悄悄袭来：海面上空，一架"中国海监"的飞机盘旋着，在执行巡航任务。飞机在掠过锦州湾东部海域上空时，飞行员发现有一大片海水在阳光下泛着褐红色，犹如番茄汤一般。这就是赤潮现象。

赤潮是一种自然现象，也是人为因素引起的。人类早就有相关记载，如《旧约·出埃及记》中就有关于赤潮的描述："河里的水，都变作血，河也腥臭了，埃及人就不能喝这里的水了"。在日本，早在腾原时代和镰时代就有赤潮方面的记载。1803 年法国人马克·莱斯卡波特记载了美洲罗亚尔湾地区的印第安人根据月黑之夜观察海水发光现象来判别贻贝是否可以食用。1831—1836 年，达尔文在《贝格尔航海记录》中记载了在巴西和智利近海面发生的束毛藻引发的赤潮事件。据载，中国早在 2000 多年前就发现赤潮现象，一些古书文献或文艺作品里已有一些有关赤潮方面的记载。如清代的蒲松龄在《聊斋志异》中就形象地记载了与赤潮有关的发光现象。

被喻为"红色幽灵"的赤潮（又称红潮，国际上通称为"有害藻华"），是海洋中某一种或几种浮游生物在一定环境条件下爆发性繁殖或高度聚集，引起海水变色，影响和危害其他海洋生物正常生存的灾害性海洋生态异常现象。赤潮爆发时，因赤潮生物种类和数量的不同，海水可呈现红、黄、绿等不同颜色。

国内外大量研究表明，赤潮的危害性极大。有毒赤潮生物分泌的毒素，毒死吞食赤潮生物的鱼贝类，再通过食物链危害人类。大量的赤潮生物还能

遮蔽照射到水下的阳光，影响海洋生物的光合作用，进而影响海洋食物链的正常循环。无毒赤潮生物则因其产生的粘性分泌物堵塞鱼、贝的呼吸系统，或者由于赤潮生物大面积衰亡时消耗了水体中大量的氧气，而造成大面积的鱼、贝窒息死亡。

赤潮的生成离不开环境因素，除了需要稳定的海水水体、适宜的水温（14—28℃）和盐度（17%—34%）以外，水体的富营养化——丰富的营养盐、适量的微量元素和有机物也是赤潮生成的关键因素。海水水体的富营养化是人类在生产和生活活动中排放的废水、污水和废物污染造成的。由于海洋位于地球的最低位置，所以来自陆地各处的所有废物最终都要汇聚到海洋中来。含有大量含磷洗衣粉、洗涤剂的生活废水以及各种工业、农业排放的废水排入江河后最后进入大海，就会给海水的富营养化创造条件。在温度、盐度适宜，海水水体稳定的情况下，海水的富营养化就会使赤潮生物（藻类等）迅速繁殖，海洋环境恶化，形成赤潮。

海洋是人类最大的公有领域，它以浩渺和深邃不断净化着自身。然而它的自净能力是有限的，赤潮无疑在向人类示警：如果人类无止境地向大海排污弃浊，向它的广袤挑衅，最终失去的将是大海的壮丽，得到的是生命的毁灭。

撒哈拉——曾经的绿洲

杨 阳

众所周知，撒哈拉沙漠是地球上最大的沙漠。但有谁会相信，它过去的名字应该叫撒哈拉绿洲。从绿洲到沙漠，如此巨大的变化是如何发生的呢？

位于非洲大陆北部的撒哈拉大沙漠，方圆 800 万平方千米，横跨阿尔及利亚、摩洛哥、埃及等 11 国的国境，阿哈加尔和提贝提斯两处山脉位于它的中部。非洲的山脉与众不同，它们气势雄伟，怪石嶙峋。

在一次科学考察中，考古学家在一些石窟山洞里发现了原始人类的岩画。这些岩画早期的和后期的有很大区别，早期的是石刻的，后期的则是用黄褐色的泥土画上去的。

岩画的内容是当时人们的生活情景，画上的动物有象、长颈鹿、狮子、野牛、河马、鳄鱼和鸵鸟等，还有成群的牛羊和放牛的牧人。

这些栩栩如生的岩画无疑是古人生活的生动写真。科学家据以推测，当时也就是五六千年以前，这里气候湿润，植物茂盛，原始人类和野生动物曾在这里生活了相当长的时间。后来不知出于什么原因，这一片生机盎然的绿

洲消失了，取而代之的是一片死气沉沉的茫茫大漠。

生态学家认为，之所以会有绿洲变沙漠的结果，是因为人类自身的活动所致。人类本身就是生态环境中的重要一环。他们对于这块生活家园的态度和作为，对环境的改变至关重要。在当时的农牧社会里，为了发展经济和战胜敌人，人口的增加越来越必要。随着人口的增多，田地变广了，牲畜也变多了，渐渐地绿色原野就无法负荷了。土地——植物——动物——人类这根生命的链条一旦断裂，便会完全崩溃于自然灾害的肆虐中。撒哈拉沙漠形成的过程给我们这样一个启示：在自然——社会——文化生态系统中，人类的文化必须适应环境的变化，必须用生态的理念去帮助它朝积极的方向发展。如果不这么做，只要它缺失其中任何的环节，环境就不可避免地走向恶化，我们意想不到的灾难就会因此而发生。

鲸鱼之死

李　琦

　　我总忘不了，从电视新闻上看到过的那张照片——荒凉的诺曼底海岸上，一条重四十吨的巨鲸搁浅了。是自杀还是有什么原因，不得而知，但是生态环境的被破坏，鲸鱼活不下去了，这是真的。

　　巨鲸自杀，或集体或单独，这在我们已不是新闻了。每次看到这样的消息，心情都很复杂。那些动物们活着的时候，快乐而单纯，在万古如斯的世界上，在蓝色的海洋里，它们生命的状态从容而安详。人类的祖先曾和它们有过良好的友邻关系，像给自己的孩子取名那样，古代的人们亲昵地给它们起下了诸如大象、山羊、天鹅、蓝鲸这样的名字。动物们如人类一样，也有自己的家园和爱情。它们繁衍生息，抚育儿女。有的热爱旅行，有的静守田园，有的歌喉婉转，有的善于舞蹈，有的简直就是天生的体育爱好者。它们或奔跑跳跃，或自由翱翔，或劈波斩浪。它们没有人类那么多心机和谋算，在人类社会生活之外，活得舒展自然。一群飞过蓝天的大雁和一只浑身开满梅花的小鹿，给这个世界增添了多少生机和美感啊！只要凝视着它们生动的躯体，那种与自然融为一体的和谐，心里就会涌出那种对于生命的敬意和感动。

　　人类成长了。森林越来越少，人群无所不在。我们忘了大家都是地球上的子民，面对昨天的友邻，人类开始妄自尊大地翻脸。动物们像懂事的孩子，曾采取过惹不起就躲起来的忍让，默默地从中心退向边缘。可是，这也不行。贪婪和欲望的沟壑越来越深，动物们的生活开始受到粗鲁的骚扰。它们再也无法像它们的祖先那样，在澄明快活的环境中，几世同堂，其乐融融。家园被毁，妻离子散，同类的皮毛环绕在人类的颈项，伙伴的躯体出现在人类的

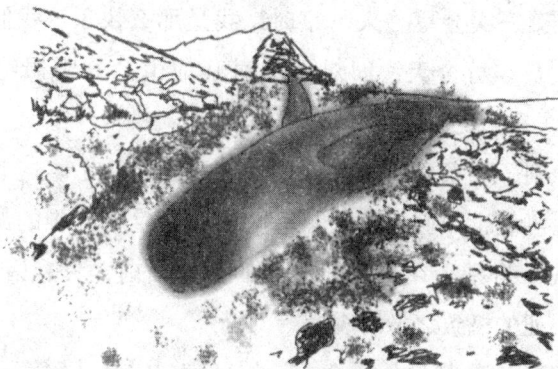

餐桌上。就算是住在空气稀薄、远离人群的地方，就是已经被围追堵截到濒临灭绝、有今天没明天地活着，也躲不过人类的算计和追踪。我的同胞们在此处所体现的毅力和才华，真正令人瞠目结舌。

动物们开始感到绝望，这是那种发不出声音的愤怒。它们悲伤地望了望自己的子孙，尔后从那动物的眼神中流泻出巨大的无奈和悲凉。它们不是人，不懂"好死不如赖活着"、"过一天算一天"这种人的哲学，它们像人群中的烈士一样，宁折不弯地干脆选择了死亡。

我不是鲸鱼，所以我无法知道它选择自杀时的感想。我只能体会到，这些不肯苟且的生灵是尊贵的。人类迫于无奈，可以趟过肮脏的河流，可以在龌龊的环境里苟活，可它们却不肯在"只是有些污染"的大海里安身。它们也不说自己是多么有洁癖，多么高贵，反正就是不堪委屈，就是活不下去了。一个人可以念及理想、信念，或妻儿老小，在百般折磨中忍辱负重地活下去，一只小鸟却完全可能因为被俘、失去自由这件事本身活活气绝。它们太容易想不开了。草原上一只被打死伙伴的孤狼，不幸丧偶的天鹅，被偷掉婴儿的母虎……它们都可能以惊天地泣鬼神的方式深深震撼你的心灵。它们原来是如此的多情多义，它们原来是如此的纯洁脱俗，它们品性天真，却必须面对着由人类的头脑而产生的数以无法计算的陷阱、毒饵、枪口、箭矢、罗网、炸药；还有那些污染、毒气、漂着油污的海洋与河流；因为欲望而引起的战争。可怜的动物，它们如果能办一份报纸或电台的话，声讨和呼吁则该是它们全部的内容。

记得小时候第一次会写"人"字时，我是那么快乐。我们是人，是天地万物中美好的成员。可今天，面对人类对其他生命的阴损绝情，我感到了可耻。

我又一次想到了那条巨鲸，我更相信它死于自杀了。这条在海水中长大的鲸鱼，漂亮，可能也很骄傲。它热爱大海，是生动优雅的游泳健将，却最终决定自行和大海告别。在它巨大洁净的遗体面前，我有诸多惭愧和不安。我被这种哀大心死的极致之举所震撼。

我不会忘记这条堪为人中之"士"的巨鲸。它是从深海里游出来的一则寓言，它的出现，不能轻看。

让人心痛的母亲河

何清涟

黄河让人心痛，这种心痛要站在黄河岸边才能深切感受到。

近 20 年来，我曾数次见过黄河。第一次是在郑州，那是在复旦大学读研究生时，到西北做调查途经郑州。那天清晨我与另一位从未到过北方的浙江籍同学赶到黄河边，此前我们对黄河有太多的想象，因为"风在吼，马在叫，黄河在咆哮"这支名曲，再配以黄河壶口瀑布的电影镜头，曾让我们这些黄帝后裔激动不已。然而，郑州黄河母亲塑像脚下的情景让我看了震惊不已：河床底的淤泥形成一块块龟裂状的干泥，两岸的崖壁经过千年雨水冲刷，日光、风沙侵蚀，形成一道道巨大的沟坎，极目望去，几乎看不到绿色，船不是在水里划，而是在旱地上走……

我震惊了，母亲河啊！母亲河，你怎么让你的儿女折腾成这般千疮百孔的模样？自此以后，我只要一想到黄河，眼前浮现的就是这样一条黄河。此后数年间，我又乘车在晋陕峡谷里穿行过整整两天，也从未见到过真正意义上的河流，从车窗里看下去，有时能看到一条细细的水流若有若无地在太阳

光的照耀下闪着光芒，然而更多的时候是根本连那一条水线都看不到。那里的人口密度是不大，然而那里的人口也已达到生态系统支持的极限。只有站在兰州那座号称"天下黄河第一桥"的河段，我才感到黄河还是一条名副其实的河流，而壶口瀑布虽然壮观，却也难于感受到李白诗歌中"黄河之水天上来，奔流到海不复回"的气势，因为据说壶口正以每年近200米的速度在缩减，落差与历史记载已相差许多许多。

中国古代《诗经》里曾有"秩秩斯干，幽幽南山"，写的是周原——以陕西为中心的中原风光，那时的黄河根本不是今日看到的这样。在千百年人们生生不息的孳生繁衍中，黄河两岸的人民一直用非常高昂的生态成本维持着低水平的生活，一部治黄史就是一部中原人民与大自然那种无望又无奈的搏斗史，"易子而食"是黄河流域经常发生的事情。

历史上的农耕民族都是河流用它们的乳汁哺育出来的，挽救黄河，其实就是挽救我们这个民族。虽然有人在说再造一个中国，南水北调，且不说其实现的可能性有多大，仅从人与自然和谐共处这一点出发，我就始终不敢恭维这种工程的设想，因为南边的环境压力也在逐年加大，而这种工程说到底只不过是透支另一块土地上的生态资源，过度攫取生态资源说到底无异于透支后代的"饭碗"，以后必成大患。

总之，中华民族确实应该将生态当作21世纪最重要的根本问题来抓，治黄谈了几十年，从水害成灾到今天的断流，我们有太多的教训要记取。

佛光是一种自然现象

张　倩

　　经年云雾缭绕的黄山偶尔也会有云开雾散的晴朗天气，如果你在这时登上天都峰纵目远眺，便会在云消雾散的瞬间看到"佛光"。傍晚前，一个七彩的光圈，层层环绕，从外向里色彩越来越艳，映衬着东方的天空。人在峰顶的一举一动都会投影在彩环中，神奇极了。几分钟后，"佛光"便又悄然隐没在天际。

　　冬季去峨眉山，如果遇上晴朗的天气，在日出后或日落前的一两个小时登临山顶，面迎舍身崖远眺，就会看到一轮红日藏于山间的"云海"中，在前方的天空中有一个由赤、橙、黄、绿、青、蓝、紫7色组成的巨大光环。更为奇妙的是，有时还可以在光环中浮现出观看者的影像。如果阳光较弱，仅会出现几道界限模糊的彩环。这就是所谓的"佛光"，又有"峨眉宝光"之称。

　　其实，佛光是很平常的自然现象。只要同时具备以下几个条件，佛光便会出现。首先是天气晴朗、阳光充足；其次，观察者的前面还得有薄雾或云海，而且背后的太阳要有合适的高度，只有这样，光线才不会被云雾所遮。当太阳透过水滴或雾粒时，它们像个球面镜，将太阳的实像映现在后面的云海上，而从这里反射出来的光，经过衍射分光作用后，就形成了一个巨大的彩色光环。观察者的影像之所以能投射在云雾上，是由于背后的太阳光没被云雾遮掩，而且高度不大，但云雾中的人影要比真人略长。

　　有的科学家认为佛光实际上是虹的一种，是云层中小水滴或雾滴对阳光的连续折射和反射后形成的。而小水滴或雾滴直接影响着光环的大小，云滴或雾滴越小，光环越小；云滴或雾滴越大，映出来的光环越大。当浮云掩日时，这种光像便立刻消失；但当云开雾散，太阳升起来时，这种光像又会再度出现。

　　"佛光"并不神秘，也不可怕，它只是大自然和人类开的一个小玩笑。

苍凉的失落

吴淮生

那时接触到的地图上蓝色的吉兰泰盐湖，地理教科书上的"塞上江南"，古人边塞诗中"天苍苍，野茫茫"的西部风光，对我这个十几岁的中学生来说，都是一些遥远的梦寐。当初怎么也没有想到，后来的、以迄于今的近40年岁月，竟与这些梦寐紧密地联系到了一起。

可是若问我何为西部？何为西部精神、西部特色，我至今也没有个准确理解，有的只能是一种来自直觉的感受。

我是江南人。有一首流浪人唱的怀乡的歌子相当典型地抒写出了我少时生长的环境："白云飘，青烟绕，绿阴深处是我的家。小桥啊，流水啊，梦里家园路迢迢。"山清水秀的自然景色，陶冶出了我细腻柔弱的性格、气质，和西部的自然风貌、人文状况显然有强烈的反差。我之投入西部的怀抱，宛似一株依依垂柳移植到了风沙线上。或许正是这个原因吧，我对西部的一切，感受特别敏锐而新鲜，虽然如前所说，未必不准确。

我总的感觉是，中国的西部是一部大书，一部够人读一辈子的大书，一部也许永远读不完的大书。

首先，它的广袤、高峻、深邃震慑了我，使我惊叹，使我为之刻骨铭心。就以陕西、甘肃、宁夏、青海、新疆五省区而言，它们的面积之和约有300万平方公里，差不多占祖国总面积的近三分之一。多么辽阔的大西北啊！当我的屐痕印在了嘉峪关外、酒泉以西一望无际、莽莽苍苍的大戈壁上的时候，当我乘汽车攀行至海拔3500多米高的青海日月山垭口唐代文成公主驻辇处的时候，地图册上关于面积的抽象概念，"天倾西北，地不满东南"的神话，唐人"野营万里无城郭，雨雪纷纷连大漠"的诗歌意象，一齐化为我眼前耸峙的现实和具体可触摸的形象。这里的一切都是寥廓的、宏观的、巨型的；我倾倒于西部的伟大与神奇，站在它的面前，自己显得十分渺小。我曾在海拔约3000米的"六盘山上高峰"之巅寄宿一夜，连说话都不敢大声，怕惊破了这里的亘古寂静，怕搅动了四壁朝天的万仞群山所圈成的不可测度的深邃。李白《夜宿山寺》有句云："不敢高声语，恐惊天上人。"

接着，随时日的流逝，我的观点逐渐从西部的外观深入进去了。我这才发现，西部的宏伟、瑰奇、深奥投在人们心灵上的云影却是粗犷、孤独、寂寞、苍凉……我曾在戈壁滩上，见到过这样的情景：在沉沉大漠、夕阳洒在广阔无垠的背景上，一个人，只有一个人，从遥远的天边走来，起初是一个小黑点，慢慢地蠕动，渐渐地放火，放大为一个人。他黑而粗糙的脸上印着刀刻般的皱纹，身上披一袭光板老羊皮袄，头上戴一顶放下护耳的皮帽，胡子眉毛间粘着瀚海尘沙。看到他，令人想起列宾的《伏尔加纤夫》、罗中立的《父亲》那些著名的油画和罗丹的雕塑所造的艺术形象。和我曾在西部自然景观面前感觉自己的渺小相反，在我的眼里，他非常高大，甚至比他身后的天地还大。我感到，此刻站在面前的，就是西部的象征者，粗犷的化身像。然而，他也是孤独寂寞的，在见到另一个人之前，在偌大的天地之间，就只他一个人踽踽独行。在西部，一个牧人赶着一群羊从大山坳里云朵般地飘出来的时候，他也是孤独寂寞的，因为他很可能在一整天里也遇不到一个人。他漫出的那一曲高亢而嘹亮的"花儿"，也是由孤独寂寞作音符谱出苍凉的韵调。

透过粗犷、孤独、寂寞、苍凉的帷幕，我的视线便落到了更高的境界上。要在严酷的条件下生存，要与孤独寂寞搏战，最需要的是百折不挠、坚忍不拔的意志，因此，坚持力便成了西部人最本质的特征之一。和西部人在一起，有一种坚实感、厚重感、可靠感，觉得没有办不成的事。许多被认为是"土包子"的西部人获得了事业的辉煌。以西部的一角宁夏为例，张贤亮就深受西部环境的熏染，以极大的坚持力，在坎坷的境遇之中摔打了20多年，终于成为享誉海内外的作家。洪宇宙则是在宁夏同心县山沟里土生土长而走向全国的著名电影演员。潘自强呢，是生长于银川盐碱地上的编辑家，现任珠海出版社副总编……这些成功都是西部人坚持力的体现，自身价值的实现，也是两部的骄傲。

落后的生产形式本来应当是束缚人们视野的，但西部的广袤和寥廓又开阔着西部人的眼界，二者相互矛盾又共生共长，后者不断地制胜前者。而且，为生存的艰辛而奋斗，必须进取。"穷则变，变则通"，此之谓也。因此，远大的眼光，雄强的魄力，开拓进取，铸成了西部人的另一些本质特征。著名的企业家陈川，原是宁夏话剧团的编剧。十几年前，他受宁夏有关部门委托，赤手空拳，由银川南下深圳，筹办广夏实业有限公司，而今，已成为名驰特区、实力雄厚、拥有亿万资产的该公司的董事会主席。前面写到的宁夏同心县，是一个"三年两头旱，五年一大旱，十年九回旱"的穷山恶水之地。那里的回族和汉族同胞，终于在贫瘠的土地上，开辟出了一条经商致富的路子，从而走出穷困的梦魇。而今，此县颇为繁荣，成为宁夏的商业流通实验区，人称"小广州"。

这些就是西部人的路，这是一条荆棘与风险之路，奋斗与生存之路，事业与成功之路。

中国的西部人，已经从这条路上奔波了许多世纪。近40多年来，特别是近20年来，这条路上更加拥挤，更加兴旺，更加车马如潮，更加足印交叠、步履匆匆了。

于是，中国的西部啊，辽阔依旧，但是，不那么荒凉了。星罗棋布的现代繁华城池，天女散花似的工业基地，绿绸般的锦绣园田，碧树蜿蜒的绿色长城，生意盎然的点点绿洲，黑色缎带一样的沥青公路，银光锃亮的铁道，将此日的西部建构成一个色彩缤纷的诱人的世界。

从广袤、高峻、深邃、神奇的自然景观，到粗犷、孤独、寂寞、苍凉的心灵投影，从坚持、进取、开拓、奋斗的成功之路，到色彩缤纷的瑰丽世界，这就是中国西部的历史和现实。

那么，西部的未来呢，从它的过去、现在就可以看到它的未来，无须我来饶舌了。在新的世纪里，西部，该会像大漠极东边的朝日所预示的一样，将是一片日丽中天的辉煌。

我相信，在中国西部，总有一天，"荒凉"和"苍凉"这一对孪生姐妹词，会失落在现实之中，而走进人类的记忆里。

四、科星灿烂

　　他们曾在无边的寂寞中独自沉静；他们的记忆里包含了所有的前世今生；他们从懵懂无知的启蒙，到最后揭示真理的大智；能们超越同侪，上下求索；执著地追求，坚持以恒……他们站在人类已经获得的知识的高峰上，凭借自己的才能把科学水平推向一个新的高峰。

被迫放弃诺贝尔奖的科学家

汪　猷

他被纳粹软禁 8 年。这个人用亲生女儿做试验，发明了磺胺药而获诺贝尔奖，但他不仅没有拿到奖金，还因获奖一事被软禁 8 年之久！这个不幸的获奖人就是德国科学家格哈德·多马克。

1895 年 10 月 30 日多马克出生在德国勃兰登的一个小镇。父亲是小学教员，母亲是农家妇女，家境十分贫寒。

1914 年，多马克以优异的成绩考入基尔大学医学院。没上几个月课，第一次世界大战爆发，多马克志愿从军。他参与了第一次世界大战中的几大著名的战役：玛恩河大会战、凡尔登战役等。战斗中他被流弹击中背部，自此结束了步兵生涯而改在医疗队服务。

1918 年战争结束后，多马克回基尔大学医学院继续学习。1921 年，他通过国家医学考试，取得医学博士学位。1923 年，多马克来到格赖夫斯瓦德，在格罗斯病理研究所工作。后来又先后在格赖夫斯瓦德大学和明斯特大学讲授病理学和解剖学。但是，对他最有吸引力的还是伍柏塔尔一家染料公司的实验病理学和细菌学实验室。1927 年，他应聘出任该实验室的主任，这是他人生道路上的重要转折点。

当时，医学界掀起了配制新的有机药物的高潮。多马克与同事以蓬勃发展的德国化学工业为后盾，把染料合成和新医药的研究结合起来。他们先后合成了 1000 多种偶氮化合物，多马克不厌其烦逐个地进行试验。尽管这些化合物中的大多数在试管实验中并无明显的抗菌作用，但他还是坚持在动物身上试验。然而时间一天天过去，成千上万个小白鼠因受链球菌感染一个一个死去，盼望中的新药却没有出现。1932 年圣诞节前夕，奇迹终于发生了：多马克把一种在试管试验中没有抗菌作用的橘红色化合物灌给受感染的小白鼠后，这些小白鼠日渐康复。他又发现这种化合物的毒性很小。

救活小白鼠的橘红色化合物，早在1908年就已由人工合成。由于它能快速而紧密地与羊毛蛋白质结合，因而被用来给纺织品着色，商品名为"百浪多息"。多马克发现其药用价值后，既兴奋又冷静，他没有急于发表论文，而只是以"杀虫剂"的名义申请专利权。因为他还需要进一步的研究以用于人体。

一天，多马克视为掌上明珠的女儿玛丽的手指被刺破受了感染，继而手指肿胀发痛，全身发烧。多马克心急如焚，他请来城里最有名的医生，用尽了各种良药，都无济于事。感染恶化成败血症，玛丽生命垂危。

此时，多马克想到应该知道女儿是受的什么病菌感染。他把玛丽伤口的渗出液和血液抹在玻璃片上，在显微镜下观察发现是他正在研究的链球菌。他想到了"百浪多息"。他不也盼了好久要把这种新药用于人体吗？今天这机会来了，但用药对象却是他的女儿，他可爱的玛丽。然而他别无选择，只有冒险一试。多马克从实验室拿来了两瓶"百浪多息"。

"你要给她打什么针？"妻子看见多马克正准备给女儿注射。

"百浪多息。"多马克毫无表情。

妻子抽泣起来。多马克的各项实验她都清楚明白，"百浪多息"在动物身上试验成功并不意味着人能接受。这一针下去女儿能活吗？她不能劝阻多马克，因为已到了最后关头……

多马克将"百浪多息"推进了处于昏迷状态的玛丽的身体。

时间一小时又一小时地过去，"玛丽，玛丽……"多马克凄楚地呼唤着女儿。"爸爸……"玛丽终于慢慢睁开了双眼。

多马克简直不敢相信自己的眼睛。他定神审视着女儿，抚摸着她的前额："简直是美妙的梦！"玛丽因憔悴而显得更大的双眸又闪射出生命的光芒。

女儿得救了！"百浪多息"竟是一种起死回生的灵药，而怀抱中的女儿，正是世界上第一个用这种药战胜了链球菌败血症的人。

"百浪多息"轰动了全世界，使用"百浪多息"取得良好疗效的消息不断传来。伦敦一家医院报道：使用了"百浪多息"，链球菌败血症死亡率降低到 15%。

大西洋彼岸发来电讯：美国总统的儿子由于病菌感染而奄奄一息，"百浪多息"挽救了他的生命！

法国巴黎巴斯德研究所的特雷埃夫妇及其同事揭开了"百浪多息"在活体中发生作用之谜：原来"百浪多息"在体内能分解出磺胺基因——对氨基苯磺酰胺（简称磺胺）。磺胺与细菌生长所需要的对氨基甲酸在化学结构上十分相似，被细菌吸收而又不起养料作用，细菌就不得不死去。

由于多马克创造性的工作，人类在与疾病的斗争中又增添了一个强大的武器。磺胺类药具有强烈的抑菌作用，在控制感染性疾病中疗效很好。它为许多有致命危险的急性疾病提供了有效的治疗手段，使不少慢性疾病也得以早愈。多马克拯救了千百万人的生命。

1937 年德国化学学会授予多马克埃·费雪纪念章。1939 年，诺贝尔生理学及医学奖授予多马克，以表彰他研究和发现磺胺药，并使之投入大量生产的功绩。因为当时希特勒早已明令禁止德国人接受诺贝尔奖，所以，纳粹软禁了多马克，并强迫他在一封拒绝接受诺贝尔奖的信上签名，然后寄给诺贝尔基金会。

软禁中的多马克并没有放弃自己的研究，他仍在继续寻找疗效更好、副作用更小的磺胺药。1940 年，多马克报道了磺胺噻唑（商品名为"消治龙"）及其功效；次年，多马克又研究出从磺胺噻唑衍生出的抗结核药物肼类化合物。

1947 年 12 月，瑞典首都，诺贝尔基金会专门为多马克补行授奖仪式。但由于领奖时间远远超过了规定的年限，奖金不再补发。多马克在补行的授奖仪式上，热情洋溢地作了题为《化学治疗细菌感染的新进展》的讲演，受到听众的热烈欢迎。瑞典国王亲自给他颁发了证书和镌有他姓名的诺贝尔奖章。

两颗行星的交谈

冰 月

印度诗人泰戈尔与德国物理学家爱因斯坦 1930 年首次在德国会面，他们共会面四次，时间都在 1930 年到 1931 年之间。当时两人都已是诺贝尔奖得主，泰戈尔获 1913 年度文学奖，爱因斯坦获 1921 年度物理学奖。后者的一位亲戚在聆听了两位巨匠的谈话后，将泰戈尔形容为"具有思想家头脑的诗人"，把爱因斯坦形容为"具有诗人头脑的思想家"，并说他们的对话"好似两颗行星交谈"。

1930 年 7 月，42 岁的爱因斯坦邀请 70 岁的泰戈尔到其柏林郊外的乡居做客。泰戈尔在一篇文章中这样描写比他小一辈的科学家："他的满头白发，他燃烧的眼睛，他的热情态度，又使我深深感到这位抽象性研究几何与数学法规的科学家充满人情味。"他又说他对爱因斯坦的真诚坦率有特别深刻的印象："他毫不拘谨，毫无智力非凡者的傲慢。我的印象是，他像是个重视人情关系的人，他显然对我具有真正的兴趣与了解。"

当时在场的爱因斯坦的亲戚马里安诺夫曾写了一篇题为"爱因斯坦与泰戈尔探究真理"的报道，在 1930 年的一期《纽约时报杂志》上发表。

虽然同是诺贝尔奖主，诗人与科学家之间无论在国籍、宗教、文化背景、职业、嗜好、成见等方面都有不同，但是他们对彼此的成就都充满好奇。他们同样爱好音乐，都在探索真理。他们的对话洋溢着两人对哲学、对人类创造能力的深切了解。泰戈尔是位多产的诗人、剧作家、小说家和散文家，而作为科学家的爱因斯坦也表现出他对文学的兴趣。

他们首次对话的主题是真理与现实的性质。爱因斯坦质疑真与美是否只存在于人的思念中："如果人类不再存在，阿波罗不会再是美丽的了。"但是泰戈尔对这个大前提不表示同意，爱因斯坦答道："美可以存在人的观念中，但是真理则在人的主见之外。"

他们在一个月后再度在柏林相会并拍摄了一张合照——泰戈尔白发长须，爱因斯坦则蓄着八字须。在这次谈话中，他们讨论了家庭生活、德国青年运动，以及"偶然机会"（chance）与"预先确定"（predetermination）之间的相互作用。这样的讨论，把话题转向印度音乐与西方古典音乐的不同。泰戈尔相信人性具有一种可伸可缩的因素，他把印度音乐的自由奔放与西方音乐的拘谨相比，认为一个印度歌唱家可以根据个人创造特性，随着他的艺术良心的引导而任意变化。泰戈尔与爱因斯坦都同意，要分析东西方音乐对人类头脑的影响并不容易，正如泰戈尔说他自己也深受西方音乐感动。

爱因斯坦相信，对于任何事物的感受，都是基于人类的生活经验，当中不分欧洲或亚洲；人类对艺术的反应亦然。他说："请看放在你桌上的红花，我的感受与你的感受也许并不一样。"泰戈尔对爱因斯坦的说法，既不同意也无异议，他要寻索的是一个能在东西方之间取得妥协折中的地位。

东西方两位巨匠间的话语显然企图了解对方的成见。用他们的高度智慧，他们之间的科学性与哲学性的辩论，探讨着没有国际界限的世界真理。他们的个人友谊，无疑也增强了他们交换意见的价值。其实，他们早在 1930 年会面前已鱼雁往还，发展了个人友谊。1929 年 12 月 22 日，泰戈尔写给爱因斯坦的明信片中便有言："我向你这位深知我有缺陷而仍爱我的人致敬。"

泰戈尔的作品近年来并不十分受注意，但是在获得诺贝尔奖后的 30 年中，他在西方被视为一位富含神秘主义与宗教信仰的诗人，他的读者对东方神秘主义尤其神往。他的早年作品曾获著名诗人庞德与叶芝的重视。泰戈尔于 1941 年逝世，此后他对西方文学的影响逐渐低落。泰戈尔曾于 1915 年受英皇封爵，四年后因不满英国在印度的压迫手段，愤而放弃爵位以表抗议。

爱因斯坦在德国出生，在瑞士受教育，获得诺贝尔奖后，他成为 20 世纪最受尊崇的科学家。由于他是犹太人，家产在 1934 年被纳粹政府没收，公民籍也被希特勒取消。幸好他脱逃赴美，受普林斯顿大学之聘参与研究工作。1940 年，他成为美国公民。德国的损失，恰是美国的收获。

踏遍万水千山的千古奇人

旭　阳

徐霞客自幼聪明好学，喜欢读书，特别是对那些有关历史、地理和探险游记之类的书更是爱不释手。这些书中描写的祖国名山大川，或雄伟峻峭，或秀美壮丽，或奇异莫测，在年幼的徐霞客心中留下了强烈的印象，使他心向神往，发誓长大后一定要游遍它们。

徐霞客的母亲支持和鼓励儿子出游，为儿子缝制了"远游冠"，为儿子进行旅行探险做了精心准备。

22岁那年，徐霞客正式开始了他的游历考察生活。此后30多年，他的大部分时间都是在外旅行，足迹遍及大半个中国。所到之处，他对该地的地貌、地质、水文、气候、植被等做综合的考察研究，然后将结果详细地记述在日记中。

古代进行长达数十年的旅游探险，并非易事。交通不便、资料残缺，若是没有远大的志向、坚韧的毅力是不可能坚持下去的。然而，徐霞客不仅做到了，而且为后人留下了一部伟大的著作——《徐霞客游记》。

徐霞客的旅游探险，既不是追求闲情逸致而游山玩水，也不是为了猎奇，他是为了探索大自然的奥秘，补充或订正古书上缺少或有错误的记载。因此，他所选择的道路，常是艰险崎岖的道路；他所到之处常是人迹罕至的地方。攀悬崖绝顶，钻洞穴丛林，遇狂风暴雨，甚至虎狼侵扰，对徐霞客来说，简直是家常便饭。

在湖南茶陵时，徐霞客听说当地麻叶洞中有"神龙奇鬼"，非符术不能服。他决定亲自去踏勘，看个究竟。

他向当地人要了几个火把，就毫不畏惧地进洞去了。当地人听说有人要

进神洞，便纷纷前去围观，看进去的人会不会被吃掉。

约两个多时辰，徐霞客带着满意的神情出来了，他告诉围观的人们，里面并没有什么"奇鬼神龙"，这洞只不过比一般山洞深点，曲折点而已。

浙江东南部的雁荡山，山势奇伟。古书上曾记载，雁荡山顶有一雁湖，乃积水而成。徐霞客想验证一下此说是否确实。

当他来到雁荡山，经过一条山谷时，被一个陡峭的悬岩拦住了去路，这悬岩下为深潭。徐霞客决定攀援而过。他爬到悬岩腰部，突然，脚下的石头松动，他一把抓住身边的一棵小树，听着那石头滚下的声响，心想，真险！差点葬身深渊。

这次考察失败了。然而，他并没有放弃，几年后，他又一次来到这里，经过几天的努力，他终于爬到山顶。在山顶，他看到山顶上确有雁湖，并订正了古书上的一处讹误：书上记载山下的大小龙湫瀑布是发源于雁湖。他考察后得出了结论，大小龙湫瀑布源点离雁湖其实很远。

徐霞客还通过考察研究，澄清了长江的源流，对我国西南地区的石灰岩地区做了科学的论断。可惜的是，徐霞客的考察记载只流传下来约1/6，大多数已遗失。

可以说，徐霞客的一生大部分都是在远游中度过的。就在他54岁时，即最后一次远游归来的第二年，过早地去世了。去世之前，他还念念不忘去西北昆仑山进行考察旅行。

历史上最有才华的科学家

韩龙飞

勤奋好学

高斯幼年时家境贫寒，晚饭一过，父亲就要他上床睡觉，为的是节省灯油。但他太爱读书了，怎么能睡着？后来，高斯想了个办法：找个大萝卜，挖去心，塞进一块油脂，插上一个灯芯做成一盏小油灯。天一黑，他独自悄悄躲到楼上，俯身伏在微弱灯光下，悄悄地读书，常常读到深夜。

高斯好学的精神被当地的公爵知道了。公爵为了给自己造就人才，便决定资助他学习。这样，高斯不到 15 岁就进了卡罗琳学院。

在大学里，高斯非常勤奋，除用心上课外，还尽量利用课余时间钻研各种语言、数学。他很快就掌握了几种外国语言和微积分，并开始直接阅读牛顿、欧拉、拉格朗日这些大数学家的外文原著。在这期间，他还写下不少日记，为他日后的科学研究打下了坚实基础。

1795 年，高斯从卡罗琳学院转到戈丁根大学深造。

次年，初春的阳光暖融融地撒满了戈丁根大学高大的玻璃窗，室内明亮、洁净。一天，高斯伏在桌上，聚精会神地用圆规和直尺画出一个图形——正十七边形。

这是一个闻名已久的难题。早在公元前 3 世纪，希腊数学之父欧几里得曾指出，用圆规和直尺可以画出正三角形、正四边形、正五边形、正六边形、正八边形、正十边形、正十一边形等等。但是，能不能画出正七边形、正九边形、正十三边形、正十七边形呢？两千年来，无数有作为的数学家们，像赛跑那样，一个接一个地做下去，但是谁也没有画出来。然而高斯经过不懈努力，终于在 1796 年画出来了。

这是一个十分了不起的成就。从此高斯下定决心献身于数学事业。他太兴奋了，久久不能平静。以致后来明确表示，他死后，希望墓碑上刻一个正十七边形，以纪念他的这个重要发现，那时候高斯还不满 19 岁。

忘我的工作精神和对科学的执著追求

在 1801 年元旦的晚上，意大利天文学家皮亚齐发现了"谷神星"。他继续观察这颗新星，跟踪观察几天后，他发现这是一颗小行星。

当时的天文学界存在一个难题：如何根据少量的观察结果推算出该行星运动的轨道？当时很多著名的天文学家如蔡赫、奥尔贝斯等人千方百计地来寻找失踪的"谷神星"，但都未成功。

高斯决定计算行星运动的轨道。高斯根据皮亚齐提供的仅 9°的一段小弧的观察数据，经过几个星期的计算，得出"谷神星"在 36°上的运动轨道，同时创立起由三次观测决定小行星运动轨道的计算方法。1802 年，人们利用高斯的计算结果，重新找到了谷神星。从 1802 年起，高斯又相继算出了智神星、婚神星和灶神星的轨道，还做了规模极大的关于行星摄动的计算。

在计算行星运转轨道时，高斯高超的计算技术和顽强奋斗的毅力得到了充分的体现。有一个有趣的对比，1769 年，欧拉为了计算一颗彗星的轨道，足足进行了 3 天紧张的工作，致使后来瞎了一只眼睛，而同样的计算，高斯却只用了一个小时。高斯幽默地说："如果我在 3 天内连续进行欧拉那样的计算，显然，我也会双目失明的。"其实，高斯在计算时也花了很大的力气。在计算"智神星"时，他必须算出约 33.7 万个数字，他 1 天计算 3300 个数字，共花了 100 多天的时间。在 3 个多月的时间内，共记录下 4000 个左右的计算结果。

高斯对此说："我对数学上复杂的运算总是爱不释手，只要我认为是一件有意义的事，值得向人们推荐，我都愿意竭尽全力去完成，哪怕是钻牛角尖。"从这里，我们可以看到高斯忘我工作的精神和对科学执著追求的精神。

秦山故事

李纯　李海波

核，多么神秘的字眼，原子弹、广岛事件、核辐射……曾让多少人望而生畏。国人知道"核电"始于"秦山"，但核电这种崭新的能源，是不是一种危险的能源？在"危险边缘"行走的年轻人，又置身于怎样一种状态？

世界上第一座原子能电站在前苏联建成后，至今已经有400多座核反应堆投入商业运行，在一些发达国家，核电甚至是电力的主要来源，而中国的核电事业才刚刚起步。

他们为什么选择了这片荒滩？

"这像一个赌注，我们把巨大的赌注押在了这群年轻人身上。"10年之后，李永江（现任秦山二期核电站总经理）如是形容他当年那份忐忑的心境。

他还记得10年前是怎样给一群年轻人讲话。这是一群来自清华、上海交大、西安交大、哈工大等重点高校的优秀毕业生。

"欢迎你们来到秦山二核，你们中间最优秀的人，经过严格的训练，将成为二核的操纵员，成为传说中的'黄金人'，直接控制电厂的中枢，决定电厂的安全。"

底下有人咋舌：这辈子真要献给核电？在海盐这个小地方，信息闭塞，前途不可预料，不如去外企挣现成银子来得实在。于是有几个脑子转得飞快的，悄悄走掉了。

也有不走的。底下一个年轻人听着听着，激动中竟然有些忿闷，他想：与法国、美国的核能发电量相比，中国的核电发展尚逗留在"婴儿"阶段。我不走，一个新的地方发挥空间会更大。他叫戚屯锋。

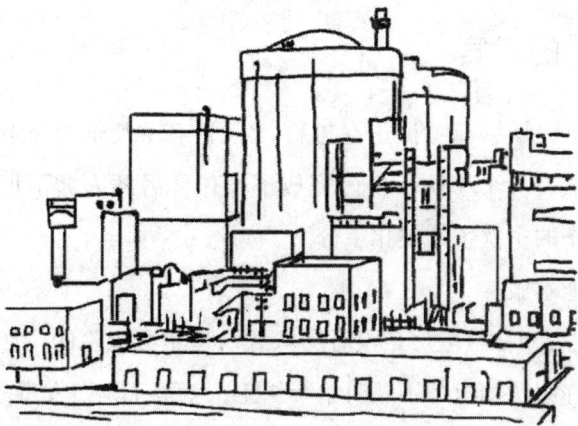

另一个黝黑而敦实的年轻人叫肖小春，在大学里学的是水力发电，此刻对"核"的了解也仅限于"核裂变会发生大量能量"，但是，"从事与核相关的事业，应该很壮阔。"

"就在这儿上班吧，反正我也厌倦了学习。"文文静静的杜春列想，她刚放弃保送研究生资格来到秦山二核。

就这样，他们选择了这片荒滩。以后再有人把"秦山"和"大亚湾"混淆，他们会回敬，拜托，秦山核电站不在大亚湾，在浙江海盐。

1991 年，秦山一期 30 万千瓦压水堆核电机组并网发电，结束了中国大陆无核电的历史；紧接着，成套引进法国技术的大亚湾两台百万千瓦级核电机组并网发电；2002，2004 年，秦山二期 1 号机组和 2 号机组相继并网发电。

核无小事

第一次上课，老师讲的就是"核安全"。

"前苏联切尔诺贝利事件，本来不会造成那么严重的损失。如果不是那个核电站的运行人员丧失了基本的概念，打电话召集大批消防人员来救援，这次损失，本可以控制在核电基地以内。一次事故足以导致公众对整个行业丧失信心。"老师说得沉痛。

"核无小事，作为电厂的主控人员，你们 0.1 秒的误操作都可能导致无法估量的损失。核安全意识，从第一天开始，就该深深地烙在你们的脑海里。"

"严酷"的考官

大亚湾考场，操纵员考试正在进行，三个年轻人作为一组共同参加一项重要操作的测试，一个小伙子准确完成了操作，另两人却不得要领。结果那个正确完成操作的小伙子却被扣了分。

为什么？他不服。

法国考官说："在核电厂，没有团队意识是非常危险的，如果在运行中同事出现失误，你明明知道却不及时给予纠正，就等于是引发事故。"

长达 8 个小时的笔试

一门考试，8 小时。在这 8 小时里，几乎没有给考生留下任何思考时间，从提笔的一瞬开始就要不停歇地答题、答题，才能完成十七八张试卷中的 80 多道题。

这些题出自中国核动力运行研究所权威专家之手，涉及核反应堆物理、热工、水力、材料等方面的核电站基础理论；核电站系统及设备；核电站仪表与控制；核电站电气系统和机械部分的结构和工作原理、电站工业安全、辐射防护等四项内容。

面对如此高难度的题目，年轻人根本就不敢喘息，因为考官们绝不会容情，四项内容每项占 25 分，总分低于 80 分的人将被淘汰出局，单项成绩低于 17.5 分的人也会被淘汰出局。

"残酷"的背后是对核安全的绝对承诺，是不容一丝懈怠的严格把关，只有一个心理素质和业务技能绝对稳定的操纵员，才有可能站在最高的领奖台——核电站的主控室中。

主控室：一个通过仪表观察和控制所有设备的系统核心。操纵员必须每隔半个小时把所有仪表和指示灯巡视一遍，发现异常、作出判断、根据已经制定好的程序手册找到相对应的处置程序，按照程序处理。

值长：运行处分为五个班次，轮流当班，当班值对整个核电厂安全负有重大职责，其管理人员称为"值长"。

一个运行人员的一天

赵皓是秦山二核运行一值值长，中国年龄最小的核电厂运行值长，现年30岁。

"转速3002转每分钟。"

"频率，50赫兹。"

"电功率输出674.6兆瓦。"

主控室仪表台上方的数字均匀而又稳定地闪烁，一切看起来和平时没有什么不同。"T1试验进度如何？"当班运行值值长赵皓来到正在进行反应堆保护系统T1试验的仪控人员跟前问。由于这一定期试验涉及核反应堆安全，所以大家都绷紧了弦。

19时25分25秒。突然间，整个主控室闪发多个报警，"嘟——嘟——"的报警器声和闪烁的红灯让这里的气氛一下子紧张起来！"控制棒快速下插！""速度72步每分钟！"几秒钟工夫，控制棒已经意外下插十多步！"手动控制，停止下插！"赵皓的第一个命令刚刚下达，操纵员马上响应，紧接着第二个命令"提起！"操纵员以最快速度手动提起控制棒，19时25分56秒，控制棒回到正常位置……

两个命令之间，间隔只有短短两秒，而当时控制棒已经下插19步，如果再有两秒钟的延迟，汽轮机将立即甩负荷！后来的分析和在模拟机上验证的结果表明，如果没有立刻进行正确的干预，必然引起反应堆紧急停堆甚至不可想象的严重后果！15秒+16秒，稍纵即逝的这一瞬间，他们交出了一份完美的答卷……

2003年4月26日夜班表上，赵皓所在的运行一值当班，从夜间23时到第二天清晨7时。征得同意后，记者随同前往，体验操纵员的工作现场。即使在深夜，整个核电厂也是灯火通明，发电机组24小时运行，将1500万千瓦电力输入华东电网。

地下一层到五层是常规发电机组厂房，六层是主控室，距离常规岛50米外的两个灰白色的圆柱形建筑，就是提供能量的核反应堆所在——核岛。这两个"水泥罐"可不能小看，其坚固足以抵御小型飞机直接撞击。如果按照年发电能力 100 万千瓦换算，每个反应堆都蕴含了相当于 330 万吨煤燃烧释放的巨大能量，这么多的煤可以装满 6 万节车皮或者上百艘货轮，而这里每年所需要补充的核燃料不过 30 吨，装不满一节车皮，相差 10 万倍。

23 时交接班，赵皓和同事们提前半个小时到了主控室，原本有些"冷清"的主控室一下子热闹了起来，每个负责不同岗位的操纵员对口交接，日志、报告、维修清单，赵皓忙着和上一班值长交流。记者站在警戒线后面，观察整个主控室。两个机组分别有两间控制室，布满仪表、屏幕和各种各样的警示灯。中间一间屋子放着一张会议桌，右边铁门后是隔离办公区，空出来的位置满满当当编号叠放着几千份操作规程，每一项具体的操作都对应着相应的规程。

23 时整，交接完毕，赵皓通知一值当班人员开班前会，详细布置每个人分工负责的项目。大家分头去准备，他才有时间带记者"扫盲"。

他带记者来到一个操作设备面前，"这里可以控制发电量大小，其实就是反应堆功率大小，这一个看起来简单的操作，却包含着核物理、热工、水力、电气、自动控制等超过 20 种门类和学科的高科技结合。作为一名主控室操纵员必须全面掌握它们的基本原理。"

都说核电厂的命运往往掌握在运行人员的手中，这话一点也不夸张，因为他们直接控制着电厂的中枢，保证电厂的安全。这个复杂的系统，不是以个人行为为主的创意，而是靠群体的力量和智慧来操纵。

核电站≠定时炸弹。

原子弹爆炸必须有严格的外部条件，达到一定的临界质量。另一方面，公众普遍担心的放射性泄漏和外泄问题在核电站的设计初期已经作了充分考虑，结构上有三道屏障，一般情况下连突破第一道屏障的可能性几乎都没有，要突破三道屏障就更不可能了。而核电站的保护系统能够在发生异常情况的时候立即中止核反应，从而保证核电站的安全。

核安全——关于规则的故事……

"核安全"是我们此行最关心的问题。这儿的年轻人是否生活在危险边缘？

记者随赵皓深入核电厂时，第一次离"核"这么近，难免紧张："平时，你们怕不怕？"

赵皓腼腆地笑了，"原子弹里装的核原料是纯度90％以上的高浓度铀，而核电厂用的原料，浓度最高的是4％以下，有自稳定性，是绝对不可能爆炸的。除了大修期间，核岛里面是自动运行，不需要有人进去，你看到的那个圆柱体，就是核岛的保护罩。不去接触，有什么可怕的？产生核裂变的反应堆有燃料包壳、压力壳和安全壳三道安全屏障防护。更重要的是，你慢慢会发现，真正的安全防线在人心里。"

核安全的故事，就是关于规则的故事。

规则一：当班值长最大。

主控室门口，警示牌上第一行字写着："当班值长最大"。我求证于总经理李永江，"如果您到现场，操纵员是听您的，还是听值长的？"他说："值长最大是生产上严格的规定。当班值长拥有生产上的指挥权。我们这些管理者到了现场，在专业上也必须服从值长的要求。"

规则二：隔离经理＝球队的守门员。

作为秦山二期第一批隔离经理，肖小春喜欢把隔离经理用足球队的守门员来类比，一是说明隔离工作风险大；二是把自己当做最后一道安全屏障来规避作业风险，为机组大修的每个项目提供安全边界。

塌桥事故成就的桥梁专家

汪松明

茅以升的祖父叫茅谦，是我国近代史上颇有影响的水利专家。生前写的《水利刍议》一书，至今还珍藏在北京图书馆。受祖父的影响，童年时代的茅以升就养成了爱思考的好习惯。有一年过元宵节，祖父送给以升一只"走马灯"。起初他看到这灯时，只是觉得好玩，看着看着他感到很奇怪："这个'灯'真的会走呀！"通过仔细观察，他明白了其中的原理，于是，他从家里又找来一支蜡烛，放在轮子上，点燃后，"走马灯"果真转得更快了，"实验"的成功，使他心花怒放。

茅以升从小就聪明好学，7岁时进了南京思益学堂，这所学校是我国第一所新式小学。可以学习许多自然科学知识，茅以升可高兴了。求知欲特别旺盛的茅以升，有一次看到一本书上圆周率精确到了小数点后面100位，他就使劲儿背。到了新年晚会上，他一口气把100位数字准确无误地全部背了出来。在场的老师和同学都惊呆了，长时间地给他鼓掌。

在茅以升的家乡，每年过端午节，都会在秦淮河上举行龙舟竞赛。茅以升10岁那年端午节，南京举行龙舟比赛，场面非常热闹。站在岸边上的人惟恐看不到，纷纷挤上了秦淮河上的文德桥。突然，文德桥一下子塌下来，桥上的人们措手不及，掉入水中，砸死、淹死了一些人。这不幸的事件使茅以升非常震惊。随之一连串的想法在他脑海里翻滚：桥为什么会坍塌？能不能造一座承载压力大而又长期不塌的桥呢？正是秦淮河上这座桥的坍塌，使少年时代的茅以升下定决心：将来上大学一定要攻读土木工程专业，一定为国家造出永不坍塌的桥梁，避免此类悲剧的发生。此后，茅以升只要看到桥，总是从桥面到桥柱看个够。只要看到有关桥的文章，就把它抄在本子上，遇到有关桥的图画就剪贴起来，时间长了，足足攒了厚厚的几大本子。

看着心爱的孙子对桥梁的兴趣一天比一天浓厚，茅以升的祖父感到由衷的高兴。他知道，对这棵向往知识、向往美好的小苗，作为长者，自己能够做也必须做的，就是悉心呵护，悉心培养，悉心引导。

祖父把孙子叫到自己身边，意味深长地给他讲了一个故事。

传说东海之滨，有一座神山，神山上住着一位神仙爷爷，他的手里有一枝很大很大的神笔。他用这枝神笔，画出了天上飞的鸟，画出了水里游的鱼，画出了高楼万丈平地起，画出了大桥如虹南北架……

茅以升双手托着下巴，听得如痴如醉，完全入了神。

"太好了，这枝神笔真奇妙。爷爷，我要有这样的一枝神笔，就可以造好多好多桥了！"

爷爷笑了。他似乎早就猜到孙子会这么想。

"世界上有许许多多的人都想得到这枝神笔，但是，要得到这枝神笔，首先要记住两个字。"

"哪两个字？"

祖父意味深长地朝茅以升望了一眼，慢慢地走到笔架前，取下一枝如椽巨笔，铺纸挥毫，写下了遒劲有力的两个大字：奋斗！

他回过头来，凝视着孙子。

"你懂了吗？"

"我懂了，只要肯奋斗，就能得到神笔，就能造出世界上最美的大桥！"

茅以升中学毕业后，以优异成绩考入唐山路矿学校，他毫不犹豫地选择了造桥专业。作为一个少年成才的学生，自然受到方方面面的关注。在开学典礼那天，校长特意在大会上向所有的来宾和师生介绍了茅以升。

面对不断涌现的赞美，茅以升表现出与年龄极不相称的冷静。他并没有沾沾自喜，而是给自己制定了严格的学习制度，每次上课前都认真预习，画出不懂的地方。上课时记下老师讲课的重点和难点，课后再参考外文书籍，整理成笔记。在校 5 年里，他整理的听课笔记有 200 本，近千万字。当时的教育部考查全国各工科大学教学成绩时，唐山路矿学校被评为第一名。在第一名的学校里，茅以升毕业考试成绩名列第一。

清华学堂向全国招收 10 名留美研究生考试，结果他又获得第一名。茅以升漂洋过海到美国留学，仅一年时间，便取得硕士学位，两年后获得博士学位，他的论文获得了金质奖。美国导师想留下他继续做研究，他说："科学是没有国界的，但人是有国籍的。"毕竟，童年时代经历的塌桥事件给他的印象太深了。他要把学得的知识用于实践，在中国造现代化的大桥。

回国后，茅以升想，中国的大河上，已经有一些大桥了，但都是外国人造的。我们中国人要自己建造钱塘江大桥，外国人能干的，我们中国人也能干。

1933 年，茅以升任杭州钱塘江大桥工程处处长，担纲建造钱塘江大桥。他小试牛刀，成功地采用"射水法"、"沉箱法"和"浮运法"，仅用了两年半的时间，就建成中国自建的第一座现代化大桥——钱塘江大桥。

茅以升先后出任中央研究院院士、中国工程师学会会长、交通部中国桥梁公司总经理兼总工程师。新中国成立后，又出任中国交通大学校长、上海科学技术联合会主席、中华科学技术普及协会副主席。1955 年，他出任武汉长江大桥技术顾问委员会主任委员，再度受命，领衔建成备受世人瞩目的著名的武汉长江大桥……

杨振宁与《神秘的宇宙》

李　胜

　　杨振宁不满周岁的时候，父亲就去美国留学了，母亲悉心教育儿子，到6岁时，小振宁已经认识3000个字了。这时候，父亲获得博士学位学成回国，到厦门大学当数学教授，一家人随父亲到了厦门。在这以前，小振宁没有机会接触新式教育，父亲给他用大球、小球讲解太阳、地球与月球的运行关系，教他英文字母A、B、C、D、E……还教一些算术问题。这些新奇的知识让他很兴奋。

　　一年多以后，父亲当了清华大学的教授，他们又住进了清华园，一住就是6年，这段生活是杨振宁记忆中最美丽、最幸福的时光。当时清华园里只有800多名学生，漂亮的清华园是同学们的天堂。

　　放学以后，他和小朋友在园里到处游玩，捉迷藏，做游戏。他们爬过园里的每一棵树，几乎研究过每一棵草。要是放学的路上碰到蝴蝶在前面飞，蚂蚁在地面搬家的重要事件，少不了又要好好研究一番。

　　杨振宁常和一群伙伴骑着自行车在清华园到处跑。为了显示各自的勇敢和车技，他们常常从气象台的坡顶上骑车冲下来，在一段没有栏杆、只用两片木板搭成的小桥上疾驰而过，风在耳边发出呼啸声，十分过瘾。

　　他7岁就进了小学三年级。一般孩子觉得念书是苦事，他则恰恰相反，他生来就有极强的好奇心，念书对他一点儿也不费劲。上课的时候，杨振宁喜欢看点课外书籍。有一次他看了艾迪顿写的《神秘的宇宙》，里面讲的是物理学的一些新现象和新理论，内容深入浅出，语言生动活泼，他看得津津有味。回家以后就跟父母开玩笑说，物理学真有意思，我将来要拿诺贝尔奖。

　　杨振宁是家中大哥，他学习太棒了，是弟妹们崇拜的偶像。16岁那年，他随父母迁往昆明。后考入西南联大。进了大学以后，他开始读英文小说。他常常一面看，一面翻译出来，讲给弟妹们听。弟妹们听得聚精会神，而且上了瘾，每天吃完晚饭就吵着要他说书。可惜他有一个大毛病，他看得太快，这一段还没有讲完，他就跳到几页以后了。

1945年，杨振宁考上公费留美生赴美。23岁的杨振宁刚刚到达纽约，就去了哥伦比亚大学，但物理系的秘书竟然没有听说过他要寻找的那位导师。原来，那位享有盛誉的导师此时正因为参与制造原子弹而被美国政府藏了起来。杨振宁又去了普林斯顿大学，结果同样令他失望。经过长途跋涉，他终于在芝加哥大学实验室里找到了仰慕已久的物理学家——费米教授。从此，著名的费米教授成了杨振宁的老师。

1949年，杨振宁进入普林斯顿高等研究院做博士后，开始同李政道合作进行粒子物理的研究工作，其间遇到许多令人迷惑的现象和不能解决的问题。

此时的他已经有了足够的知识储备，一心要打开神秘的宇宙，揭示更多深奥的物理现象，此时，获得诺贝尔物理学奖金对于他来说已不再是玩笑，而是鞭策他不断前进的动力。

杨振宁对理论物理学的贡献范围很广，包括基本粒子、统计力学和凝聚态物理学等领域，其中在粒子物理学方面贡献最大。

杨振宁终于成功了，他赢得了世人的尊重。1957年，杨振宁梦想成真，获得了诺贝尔物理学奖。他非常感谢那本《神秘的宇宙》，正是因为对那本书印象深刻，他才萌发了当科学家的念头。

从碗碟间走出的物理学家

吴友智

这天，瑞利的家里来了几位客人。

瑞利的母亲文雅好客而且要强。每次来了客人，她都要亲自动手沏茶，并很讲究地把小茶碗放在精致的小碟子上，端到客人面前。

但她毕竟年纪大了，端碟子的手常因激动而颤抖，光滑的茶碗在碟子上轻轻移动，难免要洒出一点茶水来。她常难为情地对客人说："人老了，手脚不灵活了。"

为了避免把茶水弄洒，她就格外小心地用双手捧着。可碟子像有意找别扭似的，反而倾斜了，茶碗洒出的热茶差点儿烫着手，她就更难为情了："人老了，手脚不灵活了。"

年轻的瑞利始终坐在一边，似乎从未想过要帮母亲端茶招待客人。是他不懂礼貌吗？不是，是他的注意力全被母亲手中的茶碗碟子吸引住了。

他看到，母亲每次端茶时，一开始，茶碗在碟子里很容易滑动。可是，他发现当洒一点热茶在碟子里后，尽管母亲的手摇晃得更厉害，碟子倾斜得更明显，茶碗却像粘在碟子上一样，一动不动了。

"这是怎么回事呢？"瑞利边看边想，甚至忘了身边的客人。

就这样，在请客喝茶的时候，在母亲手中的碗碟之间，聪敏的瑞利开始了他对物理学中摩擦力的研究。

他把和碗碟差不多的玻璃瓶放在玻璃板上，然后将玻璃板逐渐倾斜，看瓶子滑动情况，并将在玻璃板上洒水和玻璃板上不洒水进行对比试验。

经过不断地实验、记录、分析，他对茶碗和碟子之间的滑动做出了这样的结论：茶碗和碟子看上去光洁、干净，实际上表面总留有指头和抹布上的油腻，使茶碗和碟子之间摩擦变小，容易滑动。当洒了热茶后，油腻溶解消失了，碗碟之间也就变得不容易滑动了。

在这个基础上，他又研究油和固体之间的摩擦。他指出，油对固体之间摩擦的大小有很大影响，利用油的润滑作用，可以减少摩擦。

后来，人们就根据瑞利的发现，把润滑油应用到生产和生活中去了。现在，从尖端科学实验到大型机器设备，从现代化生产到日常生活，几乎都要用到润滑油，甚至连小孩也知道润滑油的作用。这不能不感谢瑞利所作出的贡献。

瑞利从母亲手中的碗碟之间开始了对物理学的研究，后来成为著名的物理学家，并于1904年获得了诺贝尔物理学奖。

五、生活剧变

　　知识的增长遵循着一种"滚雪球"的规律，涓涓细流汇成小溪，小溪现已变成了奔腾的江河。知识曾使古老的资源变成了全新的资源，又把自然物质变成了产业资源。知识在增长，生活在剧变！

"生命天书"破译引起的革命

陈　新

千百年来，人类想尽办法追求长生不老之术，可是总是没法破解生命之谜。主导人类的生长、发育、繁殖和衰老的基本因素是什么？为什么有的人能够长寿、有的人却因遗传性疾病以致夭折？为什么同样的药治疗同样的病，但效果却因人而异？为什么吃同样的食物，有的人容易胖而有的人却吃不胖？

现代的生命科学开始试图打开这本"天书"。1996 年，英国科学家成功克隆出第一只绵羊"多利"，开创了成年哺乳动物克隆的先河。几乎是在一夜之间，"克隆"这一生命科学的专用名词也成了人们的日常用语。2000 年 6 月 26 日，美、英、法、德、日、中等国科学家经过十个春秋共同努力，完成了被称为"生命天书"的"人类基因组工作草图"的绘制，从而使生命密码基本破译。

围绕着"克隆"，有人欢呼——今后，像大熊猫这样的濒危动物将通过克隆技术得到挽救；有人恐惧，如果克隆技术用到人的身上，出现"克隆人"，那将会给人类的伦理道德带来极大的混乱。

其实，生命科学近年来给人类社会带来的"冲击"又何止"克隆"。然而，也有人在欢呼之余又有些担忧：既然生命科学已能测出人类基因组的 30 亿左右的碱基对，那么如何保护基因隐私，防止基因歧视也就自然成为亟待解决的问题。还有转基因食品，也是有人欢迎，有人视为"洪水猛兽"……

那么，打开人类这本"天书"的意义究竟何在？著名人类基因组研究专家、美国塞拉来基因组有限公司首席科学官克雷格·温特给出了至今为止最好的答案："破译基因密码的意义就如同在刚发现电的那个时代，没有人能想象出个人电脑和互联网一样。"

在打开这本"生命天书"之际，世界各国也都以极大的注意力，关注着这一伟大的科研成果。美国前总统克林顿说："今天，我们正在学习上帝创造生命时使用的语言，并且正在以前所未有的眼光审视着万物之灵的人类。我们将能够更加细致入微地领略人类自身的复杂和美丽。它将革命性地改变诊断、预防、治疗大部分——就算不是所有——疾病的方式。这个发现可以与伽利略的天文发现媲美。"英国首相布莱尔说："对我们大多数人来说，这个伟大的发现所带来的后果可能远远超出了我们的理解力。它的意义远远大于抗生素的发明。这是 21 世纪第一项伟大的科技成就。"

人类在生命科学上已经取得极其重大的突破，在新世纪还将不断地取得新的突破。21 世纪，生命科学将发展成为新一轮自然科学革命的中心，并将跨越物理世界与生命世界不可逾越的鸿沟，使之统一起来。

超级智能汽车

韩　慧

据日本媒体报道，日本最近成功研制了一种能自行调节车速、方向盘以及车身在车道上位置的超级智能汽车。

驾驶这种智能汽车行驶在一般公路上，与普通汽车也并无多大区别。而只有当行驶在标识清楚、分明的高速公路上，其种种"超级智能"才能予以充分发挥。首先，只要按一下方向盘上的按钮设定速度，汽车便可在不须踩油门的情况下按照预定的速度向前行驶。如果遇到前方一定距离内有其他车在行驶，智能汽车即会自动减速，与前车保持一定的车距。要是前车加速，智能汽车也会随之自动加速。换句话说，智能汽车可以使驾驶员不必踩油门和刹车，但仍能平安、高速地行驶，故驾驶时特别省事。

据悉，这是因为这种汽车的车头上装有雷达，可自动检测与前车之间的车距，并将数据传送到电脑分析，再把计算出来的合适车速向引擎发出指令。如果前车突然刹车，或有其他车插进来，报警系统还会发出警告，提醒驾车人注意，同时要求驾车人辅以手动刹车。值得一提的是，该车驾驶室里安装的一种特别监视器还能自动监视方向盘转动的度数，此外一旦当手离开方向盘时也会发出警告。

生物工程与人类的未来

谈家桢

在我们居住的地球上，到处可以看到生物的踪迹：北极冰块上有地衣，茫茫南极有企鹅。雄鹰搏击长空，巨鲸遨游大海。还有大象和参天的古树等许许多多动物和植物，还有在显微镜下才能看到的细菌、噬菌体……

为什么大自然是这样的五彩缤纷、千姿百态？吃着同样的草料，母牛生的是小牛，母马却只能生的是小马呢？原来，生物体内有一种叫基因的遗传物质，"父母"把这基因传给"子女"，就会产生相应的蛋白质，组成一定的形态结构和生理特性，决定了这种生物的生老病死的历程。

科学技术的发展，在20世纪70年代产生了一门生物工程的新学科。生物工程就是对生物重新进行设计和创造，它的核心是基因工程。研究基因工程的科学家致力于把一种生物的基因，送到另一种生物的细胞里，让它在新的环境里"安家落户"、大显神通。大自然用进化的方式几百万年才能办到的事，用生物工程的方法只要几天就能办成了。

生物工程将对人类未来社会展示美好的前景。它能解决能源、粮食、疾病和环境污染等重大问题。

鸡蛋的营养价值很高，可是母鸡生蛋的速度无法满足人们对鸡蛋的需要。如今，生物科学家别出心裁地让一种细菌——大肠杆菌来生产鸡蛋中的卵清蛋白，就是将鸡的卵清蛋白基因转移到大肠杆菌中，使细菌大量生产卵清蛋白。科学家设想把一种产生肌蛋白的基因插入细菌中，以便得到一种吃起来像肉味的细菌制品。这种细菌将比猪和牛更快地生产出大量的动物蛋白，而耗费的"食料"却远比猪和牛少得多。到了21世纪，人们完全有可能把大象、河马和鲸等多种基因移植到猪身上，培养出一种无毛的大肥猪。这种猪的肉嫩、色鲜、味美，肥瘦程度可以根据人们的需要进行调整。

《西游记》中的孙悟空，可以把从身上拔下来的一把毫毛，变成一群机灵活泼的小猴子。生物的有些细胞和组织，也有类似的"本领"。科学家打算大规模培养各种家畜的不同组织，如生产清一色的动物肝、心和瘦肉等。

随着生物工程的发展，也许在 21 世纪的某一天，我们能为动物细胞增添植物的叶绿体。到那时，大地上将出现一种崭新的生物：它们能直接利用阳光、二氧化碳和水合成有机物质，根本用不着人工喂养和放牧。

到目前为止，大约有 3000 种之多的遗传病依然危害着人们的健康，连妙手回春的神医也束手无策。不过，现已查明，糖尿病、血友病、先天性心脏病和白痴等遗传病，是由于基因缺损或突变造成的，光靠药物很难彻底根治。生物工程的发展，使人们有可能把正常的基因送入病人的细胞中，从而使病人彻底摆脱遗传病的折磨。

一提起癌症，许多人都谈癌色变。生物学家经研究发现，这是由于细胞里的基因出了问题，使细胞胡乱分裂、疯狂生长的结果。现在已经发现好几种致癌基因。如果我们能制服这些基因，就可以驾驭病变细胞，使它们变成安分守己的正常细胞。到那时，人们将像忘却鼠疫那样，永远忘却癌症给人类带来的灾难。

生物工程还想与电子工业"攀亲"。近年来，电子计算机正在向微型化方向发展。例如用一块重量只有几分之一克的高精密集成块，代替几十万个晶体管。生物学家就提出，要是能用细菌的蛋白质制造活的"生物集成电路"，就可以产生超微电路的"生物电子计算机"，它的运算速度将比目前最先进的微型电子计算机快 100 万倍。

生物工程将在化学工业上继续大显身手。目前，用生物工程生产的化工原料除乙醇、丁醇、丙酮外，还有尼龙和香料的原料，以及生产涤纶、双氧树脂和合成洗涤剂的原料。科学家正在研究把蚕产生丝蛋白的基因，转移到细菌中去，使细菌能合成丝蛋白。这样，就用不着养蚕种桑，只要在发酵罐里便能得到廉价的"蚕丝"了。

生物工程准备为解决能源枯竭问题出把力。大家知道，氢的发热本领也很高。燃烧 1 千克氢放出的热量，相当于燃烧 3 千克汽油发出的热量。可是，怎样才能得到大量的氢呢？科学家希望借助基因工程制造出能将水分解成氢和氧的藻类。一旦这种藻类培育成功，人们就再也不用担心发生"能源危机"了。

生物工程在冶金矿产上也有用武之地。随着现代工业的发展，富矿不断耗尽，而贫矿、尾矿正在逐渐增多。如果从贫矿中再提炼金属的话，势必耗费很多的资金，又产生严重的污染。生物学家就用基因工程的方法，把具有特殊功能的基因引入细菌中去，培养出一些超级细菌；再把这些超级细菌作为一种浸矿剂，就可以从矿石或矿渣中溶浸出有色金属来。生物学家还培养出对金和铂等贵金属有特殊亲和力的细菌，它能从三废中回收贵金属；或者能富集钠和镁的超级细菌，以便简化海水淡化的工序，使海水变成淡水，为人们征服海洋创造有利的条件。

总之，生物工程为人类的未来展示了美好的前景。

安全玻璃的诞生

李　成

一般情况下，每个科学发生诞生的背后都会有一个故事。这些故事也许很有趣，也可能非常不可思议，但是它们都会有一个共同点，那就是如果没有发明家的毅力、细心、勤奋，那么任何发明都不可能诞生。安全玻璃的发明者——法国化学家别涅迪克士正是这样一个有心人。

1903 年 11 月 21 日，别涅迪克士在实验室里打扫卫生。当他用掸子去掸仪器上的灰尘时，一不小心把柜顶上几只瓶子碰了下来。别涅迪克士惊讶地发现，其中有一只瓶子竟然没有摔碎，只是上面布满了相互交错的裂纹。他觉得非常奇怪，拿着那只烧瓶陷入了沉思，想探究这究竟是怎么一回事。他忽然想起来，这只烧瓶曾经装过硝酸纤维素溶液，现在溶液已经挥发了，只留下了一层薄膜，就好像皮一样紧紧地贴在瓶壁上。

别涅迪克士突然想起了几天前看到的一场车祸：一辆疾驰的小汽车翻进了深沟里，车上的乘客一个被撞死，另外两个被车窗碎玻璃片划成重伤。现场一片血肉模糊，令人惨不忍睹。想到这里，别涅迪克士问自己：能不能研制出一种不会摔碎的玻璃呢？他决定认真研究一下这个从 3.5 米处的高处掉下来却裂而不碎的烧瓶。

经过实验，别涅迪克士确定，瓶子裂而不碎的原因就在于那层柔韧而透明的硝酸纤维薄膜。于是，他反复进行实验，在两块玻璃之间夹上一层透明的硝酸纤维素薄膜，让它们经过加热加压后粘合在一起，再做玻璃从高处落下的实验，果然，玻璃没有摔成四处飞溅的碎片，只是出现了许多裂痕。

1922 年秋天，第一代安全玻璃诞生了。它广泛地用于汽车玻璃、商店橱窗上。又过了一些年，美国康宁玻璃公司实验室又发明了更坚硬的用冷风来淬火的玻璃，即使用铁锤也不能敲碎它，而且即使敲碎了，也不会有锋利的尖角。近年来，随着科学技术的发展，安全玻璃的性能得到了进一步提高，成为可以抗子弹射击的"防弹玻璃"。

现在的玻璃已不仅仅只考虑安全问题了，人们将其制作得更透明、更坚硬，还可以根据需要使其富有弹性，传递能量，甚至做成人造牙、人造骨等。说不定有一天，人类会住进全部用玻璃制成的房子呢！

激光"百发百中"之谜

韩　明

随着科学技术的发展，激光的应用范围越来越广泛。中国古代的传说中就有"用光杀人"的记载。如《封神演义》中的"哼"、"哈"二将，可从鼻中喷出使敌人丧命的光，科学幻想中也早就有"魔光"、"死光"的说法。但直到1960年出现激光后，这些幻想才真正变成了现实。

激光技术从20世纪60年代末期开始进入军事领域，激光在军用技术的应用上分为两大类：一是用激光提高现代武器威力或创新军事装备，如激光测距、激光制导、激光雷达、激光通信等；二是用激光直接摧毁目标，如激光武器。作为武器的激光有很多独特的优点。首先，它可以每秒30万公里的光速传播，其他任何武器都没有这样高的速度。它一旦瞄准，几乎立刻就能击中目标。另外，它可以在极短的时间里，在极小的面积上集中超过核武器100万倍的能量，还能很自由、灵活地移动方向，不会造成任何放射性的污染。

激光武器分为三类：一是近距离战术型，可用来击落导弹和飞机。1978年美国就是用这类武器进行激光反坦克导弹的试验；二是致盲型，如机载致盲武器就属于这一类；三是远距离战略型。这一类的研制最困难，但一旦研制成功，威力也最大，它可以作为反卫星、反洲际弹道导弹的最先进的防御武器。

激光是如何将目标摧毁的呢？科学家们认为有两个方面：一是层裂，二是穿孔。所谓层裂，就是靶材表面吸收激光能量后，被电离的原子形成等离子体"云"，"云"向外膨胀喷射形成应力波向深处传播。应力波的反射导致靶材被拉断，形成"层裂"破坏。所谓穿孔就是高功率密度的激光束使靶材

表面急剧熔化，进而汽化蒸发，汽化物质向外喷射，反冲力形成冲击波，在靶材上穿一个孔。另外，等离子体"云"还能辐射紫外线或 X 光，将目标结构和电子元件破坏掉。

在激光制导导弹中，操纵人员通过不断调整激光束方向，将已发射出去的导弹导引到所要攻击的目标。激光信号经过编码可以对来自一个或数个方向相继发射出来的导弹进行制导，还可用数个指示器分别控制数枚导弹攻击各自的目标。

1972 年美国在越南战场上首次投下激光制导炸弹，由此揭开了激光制导武器应用于战争的序幕。当时，美国飞机用 20 枚激光制导炸弹，将 17 座桥梁予以摧毁，取得了意想不到的战果。随后，在近 20 年中，激光制导武器普遍应用于中东战争、马岛战争、贝卡战争和海湾战争中，并发挥了重要作用。

战争中，通信相当重要。命令的下达，军队的集结，进攻的发起……小到分队与分队、士兵与士兵之间的联络，大到各军兵种的配合、协调，所有这些都离不开通信。最早的通信靠人马飞跑传递，举灯燃火为号，以后的通信靠有线电话、无线电报、步话机等等。再后来，激光也被用于战场通信。而激光通信具有抗干扰、不易拦截的优点，可以沟通空中、地面和水下，能够在海底、地面、大气空间和外层空间，构成一整套"立体"交叉激光通信网。

激光在模拟、报警和激光对抗等方面也得到了应用。激光模拟器可以对炮弹、火箭和导弹的发射进行模拟，进行人员实战演习培训，评定射击结果，还可用来传递敌我双方坦克交战结果的信息。通常采用的半导体激光器，可精确确定目标和模拟炮弹的三维坐标，并可向目标发送射击结果。近几年激光技术已广泛应用于我军进行的激光红外军事演习训练中，并已取得越来越丰富的经验。

从织布机到计算机

思 红

你知道织布机和计算机有什么相同之处吗？它们之间的血缘关系超乎你的想象。摆在写字台上的台式机，塞在口袋里的掌上电脑，挂在腰上的移动电话，乃至你家中的很多家用电器，都是 1804 年诞生的一台织布机的后代。

19 世纪早期的法国里昂是世界闻名的丝织之都。里昂的丝织工人们织出的丝绸锦缎图案绚丽，精美绝伦，被人们视为珍品，然而他们使用的工具却是质量低劣、效率低下的老式手工提花织机。这种机器需要有人站在上面，费力地一根一根地将丝线提起、放下，才能织出精细复杂的丝绸，就好像演员在操纵牵线木偶。

这种繁琐的劳动随着 1804 年雅卡尔提花机的发明发生了改变。这种革命性的织布机利用预先打孔的卡片来控制织物的编织式样，速度比老式手工提花机快了 25 倍，就好比从自行车到汽车的飞跃。为此，热衷于科技和工业的法国皇帝拿破仑特别嘉奖了发明者雅卡尔，并且允许他向每一台投入生产的雅卡尔提花机抽取专利税。

雅卡尔的打孔卡片不只为丝织业带来革命，也为人类从此打开了一扇信息控制的大门。从雅卡尔的思路出发，今天的人们可以看到两条科技进步的脉络。而这两条脉络最终都对现代计算机工业产生巨大的影响。

1836 年，雅卡尔去世两年之后，计算机科学先驱，著名的英国数学家查尔斯·巴比奇制造了一台木齿铁轮计算机，用来计算很多数学难题，并利用雅卡尔打孔卡片的原理为这台计算机编程。当时巴比奇的女友称这台木齿铁轮计算机就如同提花机织布一样，在编织代数模型。虽然他并没有使用语言编程（一个世纪以后才正式出现），但是巴比奇毕竟提出了为计算机编程的思想，这一理念启发了20世纪的计算机科学家们。人们因此将巴比奇称为计算机的鼻祖。

我们再看另一条脉络。19世纪末，美国数学家赫尔曼·霍尔瑞斯借鉴雅卡尔的打孔卡片发明了一种特殊的机器，供户口调查员处理数据。在19世纪的最后几十年里，美国的人口出现了爆炸性的增长，人口普查变得越来越难以操作。要想对一次人口普查的数据进行加工和处理，至少要花上10年的时间。这部被霍尔瑞斯称为"制表机"的机器大大提高了人口数据处理的速度。制表机的原理与雅卡尔提花机很接近，它在卡片上打出一系列的小孔，代表每一个家庭的每一位公民，不同的孔包含不同的信息。只要运用得当，制表机每小时可以处理几万张卡片。大名鼎鼎的IBM公司就是1924年靠销售这种机器起家的。

在IBM公司创办的头30年，它靠着"制表机"获得了大量利润。20世纪40年代，IBM开始制造计算机，计算机的时代到来了。不过那时候的计算机没有放弃类似于雅卡尔提花机上的那种打孔卡片，还在利用它编程。这种状况一直延续到80年代后期，打孔卡片最终被电子媒介——磁带和光盘所取代。

看到这里，也许我们可以说，计算机不过是一台极其高级的织布机而已。这是多么令人惊奇的事情，我们现在视为科技尖端的计算机，竟与织布机血脉相连。当你使用计算机的时候，本质上你也是在以光速做着编织工作。

人机对弈：挑战人类自我

安　臣

1997 年 5 月 11 日，从纽约传来消息，在历时 9 天的总其 6 局比赛中，IBM 超级计算机"深蓝"以两胜、三平、一负的成绩，战胜了国际象棋大师卡斯帕罗夫。这次人机大战在全世界引起了不同的反响。但从根本上说，"深蓝"的胜利，也是人类智慧的胜利。

国际象棋世界冠军卡斯帕罗夫是在具有决定性的第六盘比赛中输给"深蓝"的。

"深蓝"的开局显然迷惑了卡斯帕罗夫，"深蓝"仅用了一个小时多一点的时间就使这位自 1985 年以来一直称霸世界棋坛的俄罗斯人陷入了无法防守的境地。34 岁的卡斯帕罗夫在下了 19 手之后就不得不承认失败。

这场比赛吸引了大批观众。他们每人付了 25 美元到设在纽约曼哈顿一座摩天大楼内一层的现场观看比赛。在现场对观众挂盘解说的大师瓦尔沃兴奋地说："这是计算机同卡斯帕罗夫下得最出色的一盘。"帮助"深蓝"研制小组设计软件的美国特级大师本杰明也说："我感觉好极了。我认为任何特级大师都愿意同计算机下一手了，因为这不是计算机僵硬的棋路，而是真正人的思路。"

作为 IBM 公司研制的超级计算机，"深蓝"重 1.4 吨，有 32 个节点，每个节点有 8 块专门为国际象棋对弈设计的处理器，平均运算速度为每秒 200 万步。总计 256 块处理器集成在"深蓝"的并行计算系统中，从而使它拥有每秒钟能算出 2 亿个棋步的惊人的速度。

"深蓝"的胜利为 IBM 工作小组赢得了 70 万美元的奖金，卡斯帕罗夫也获得了 40 万美元收入。卡斯帕罗夫在 11 日失利后并不服气，他说："计算机并没能证明任何东西。"他认为，和人类棋手相比，"深蓝"具有天然的弱点，它对特定的特别复杂的局面的分析能力不足，也没有人类棋手对棋局的理解深刻。他向 IBM 公司提出今后要与"深蓝"再决雌雄。

富有戏剧性的是，IBM 公司的一位发言人于 1997 年 9 月 23 日宣布，几个月前因一举击败世界冠军卡斯帕罗夫而创造了历史性胜利的"深蓝"计算机已经完成了使命而"正式退役"。

这位发言人说，一个名叫"小深蓝"的超级计算机将继承"深蓝"的事业，继续在美国和世界各地进行表演比赛。但是他们没有考虑让它与卡斯帕罗夫再进行一次比赛，他们现在最想做的是转入其他领域进行挑战。

这场人机大战在全世界引起的反响是各色各样的。有人担心地说："我们从此不得不认真地思考人与计算机的关系。"而 IBM 公司这样解释进行这场人机大战的目的："这次活动既是国际象棋比赛，也是一个研究项目，旨在让计算机从事复杂的同步运算，以应用于天气预报、空中交通管制和分子动力学研究领域。"绝大多数的科学家认为，"深蓝"的胜利，标志着计算机技术又上了一个新台阶；"深蓝"的胜利，从根本上讲是人类智慧的胜利。

人类，永远走在电脑的前面。

女性的发明

李津军

在人类的发明创造史上，与男子相比，女性并不逊色。她们的许多发明富有特色，非常实用，使人类的生活变得更加绚丽多彩。

打字机"涂改液"

贝特·格雷厄姆是一位普通的美国妇女，离婚后到一家公司做打字员，以此养活自己和儿子。事实证明，她由于难以集中精神，所以常常打错字。格雷厄姆只好用橡皮擦把错字擦掉，而改过的文件或多或少会留下痕迹，她为此大伤脑筋。

有一次外出度假，格雷厄姆无意之中发现，工人们使用油漆将背景板上的污点掩盖掉。她看得出了神，猛地想到自己打字时经常出错，能否也用这种办法呢？于是，她买了一瓶白色的油漆。格雷厄姆把油漆稀释好，同时准备了一把化妆用的小刷子，带到上班的地方。一旦哪一个单词打错了，她就涂上一点油漆，干了之后再在上面重新打字。由于使用了被她自己叫做"液体纸张"的"涂改液"，打出来的文件干净清爽，她的上司非常满意。

后来，格雷厄姆申请了发明专利，并组建公司将新产品推向市场，一度十分畅销。

"先知"照相机

1987 年，美国妇女南施·贝莎发明了一种新式照相机。它能够利用与电脑连接的视频系统，在 20 秒钟的短暂时间里，将一张 20 多岁男子的照片影

印成他未来 60 岁时的照片，老态龙钟的模样清晰可见。需要时，还可以把容颜变得更年轻。贝莎为她的发明起了一个十分贴切的名字——"先知"照相机。

彩色电扇

1952 年下半年，日本福田电扇公司一度产品积压，出现严重亏损。后来领导层改组，新任总经理石川是一位重视实效、不问学历和资历的企业家。他善于吸纳员工的智慧，鼓励大家出谋献策，办好企业。

一位名叫山田惠子的女工根据自己听到的消费者对产品的意见，提出"风扇叶加上美丽的色彩转起来一定很美妙"的新创意。石川充分肯定了这一建议，组建了以山田惠子为负责人的研究小组。后来发明了一系列的彩色电扇，将单调乏味的黑风扇取而代之。新产品在市场上十分畅销，公司利润直线上升。山田惠子因发明有功，使企业走出低谷，得到公司 10% 股份的重奖，此事在当地传为佳话。

无线电熨斗

有一次，在日本松下电器公司熨斗事业部召开的顾客座谈会上，有一位名叫贺美子的家庭妇女在发言结束时随口说道："若是电熨斗没有那根讨厌的'尾巴'，使用起来就更方便了。"随即，会场上爆发出一阵笑声。大多数与会者都认为她在说傻话，纯属异想天开。然而主持会议的熨斗事业部部长却对这一"妇人之见"十分赞赏，评价甚高。

松下电器公司邀请贺美子参加了技术攻关小组，经过多次试验，不断改进，终于发明了自动充电的无绳电熨斗。

汽车挡风玻璃"雨刮器"

这是 1902 年由一位名叫玛丽·安德逊的女士发明的。当年，玛丽·安德逊到纽约旅行，发现下雨时，雨水不停地打在挡风玻璃上，严重影响了司机的视线，使其无法看清路面，行车非常危险。回到家里后，她开始琢磨用两条软胶嵌入金属支架中，然后装置于窗门前，通过摆动这个嵌在金属支架上的软胶刷子，就能够有效地将雨水拨开。玛丽·安德逊的发明被汽车制造商加以改良使用，便成为今日的汽车水拨。

滑翔"飞鹞"

时至今日，滑翔"飞鹞"十分流行。它已成为户外运动中最受欢迎的一种，吸引了众多的参与者。

最早提出这一想法的，是一位名叫罗嘉露的美国女士。当时，她受到在空中放飞的风筝的启发，设想制成一个近似三角形的滑翔器。运动员伏在滑翔器的支架上，就可以像"飞鹞"一样在空中滑翔，充满惊险和刺激。她和家人都投入到研制工作中，经过反复试验，终于在 1984 年完成了发明。

圆盘锯

这是美国一位名叫泰比达芭碧的家庭主妇发明的。1821 年的一天，泰比达芭碧到她丈夫的水力磨房中去看工人工作。看着看着她突发奇想："如果能把锯的形状由扁长形改为圆形，不是就可以利用水的力量推动操作了吗？"泰比达芭碧说干就干，于是圆盘锯成功诞生了，成为现代电动圆锯的始祖。

奥运会开闭幕式：科技与艺术的完美结合

朱东华

办好一届奥运会的开闭幕式相当重要，北京市委书记刘淇曾经说过，开闭幕式办好以后等于我们的奥运会就成功了一半，甚至比一半还强。他为什么这样说？我认为他是基于这么一点考虑：比如说我们现在的学生去参加考试，你基本的分拿到了就是 60 分到 80 分，但是还有很多附加题，是附加的有创新性的题目，你要做好以后就会加分。开闭幕式实际上就是加分的成分，运动员到北京来，交通、安排、赛事、安全等等都是最基本的活动。这些基本活动我们必须要完成，我们完成好了就拿到了 60 分到 80 分，每个国家举办奥运会都会尽力完成好这些基本活动。

开闭幕式就像是另外的附加性题目，它是主办国家自己设计、自己研究、自己组织的一个活动。这个活动有很大的创新性，每一届奥运会开闭幕式的形式和内容都不一样，正是这一部分考察这个主办国家的综合素质、综合能力、综合形象。这样的一个综合性工程也能体现出主办国国民的基本素质。各个国家举办奥运会都把开闭幕式作为一个头等的工作来抓。这就是我对刘淇同志所说的话的理解，也是我一开始想跟大家说的话。

今天的主题可能对很多听众朋友来讲是比较陌生的，技术到底跟奥运会开闭幕式这群的大型活动有什么样的关系？我今天用比较通俗的讲解，不谈技术细节，给大家介绍大致的基本情况，使大家能够基本了解到技术在整个开闭幕式里的作用和功能。

科技对开闭幕式硬件的支持

科技对硬件的支撑，是举办一个好的开闭幕式的根基与支柱。可将科技支持的范围分成四大项：主火炬、场馆、信息通讯和安全。每个大项又分成若干小项，下面选取四个小项介绍。

场馆建设技术

我先给大家介绍一下场馆建设技术：1908 年的第四届伦敦奥运会建设了第一座钢筋结构的体育场。在这之前，很多大型的体育运动场地都是大家现在很难想象的。到一个什么样的地步呢？现在我们都是在很好的水池里面游泳，水的质量等都非常有保证。我们在 1908 年以前的一些比赛是怎么进行的呢？游泳运动员可能是在河流里面举行游泳比赛，这是很不安全的；湖里面可能有一些寄生虫，有一些危险生物等；而且运动员游到哪里怎么计量都很难保证。这些情况现在都是无法想象的。

现在的体育场跟 100 多年前的体育场相比已经是非常现代化了。1988 年汉城奥运会体育场内场、外场都是塑胶跑道了。它另外还有很多的设计要求：比如说节能、材料的运用、节水这些都是非常重要的。比如说体育场馆有几万人，每人冲一次马桶，那就不得了。水的用量非常大，怎么去节水、节能？这么多灯，灯的能源怎么来？有的场馆非常大，如果开启所有的灯光照射的话，当地的居民都可能会受到影响。在 2000 年，悉尼奥运会场馆就用了一些非常先进的节能材料，采取了一些非常先进的节水措施。体育场的顶膜是半透明的，阳光也能照射进去，又不会使里面的运动场地产生很多阴影。另外，

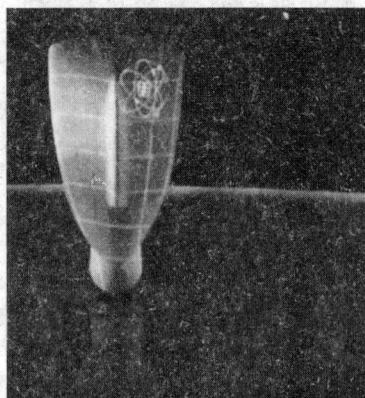

雅典奥运会"爱琴海的浪漫"表演——标枪和激光

悉尼奥运会有很多节能灯，是用太阳能收集能量进行的。白天它收集太阳能，晚上则发光。大家可以看到晚上的奥林匹克大道，灯的效果是利用太阳能做出来的。

再有就是节水。节水有很多技术，比如说能够在下雨天进行处理。下雨后水流到哪里去了呢？就渗透到地下流走了。可能我们北京的地下水位会抬高一些，但是大部分水通过各种各样的渠道浪费掉了，这很可惜。悉尼奥运场馆很多的陆地水泥地都有渗雨的

装置，雨水通过砖渗下去，水通过底下的蓄水池收集起来，能够做一些简单的污水处理。因为这个水不是用来食用的，不是拿来处理一下就让大家喝了，它可以拿来用于卫生清洁等其他方面。卫生清洁完全可以用，简单处理一下就可以冲洗，浇灌绿地、草坪都可以拿来用，晴天的时候都可以用了。

悉尼奥运会，用太阳能照明的奥林匹克大道

我们北京奥运会的场馆就更加现代化了。我举两个例子：第一个就是大家都应该知道的"鸟巢"主体育场馆。法国人设计的，像一个鸟巢，中间还有一个洞。距离它不远的游泳场馆是"水立方"，如果白天使用的话，光线能够透进去，就不必在室内打光线了。

可能有人会说，这个光线透进来，里面的观众会不会觉得很热？不会！它既透光又使看台里面的观众感觉不到太阳光的热量。这说明它设计得巧妙，也正是我们的科技设计的优势所在。另外，"鸟巢"在夜间也是非常漂亮的。当然，现在大家对这个设计还众说纷纭，有的说好，有的说不理解这样的建筑思想。

主火炬技术

在场馆之后，第二部分我想给大家介绍一下主火炬。主火炬历史很长，从 1920 年开始，在比利时举行的第七届奥运会上就出现了奥运会主火炬的点燃仪式。当时是为了纪念第一次世界大战阵亡的协约国战士，为了纪念他们点燃了火炬。1928 年又点了一次，从 1934 年开始，点火炬就变成一个非常正式的仪式了，不管哪届奥运会开幕都必须在主会场点主火炬。

而且，点燃主火炬的方式是高度机密，高度机密到什么程度？就是在一年之前，整个北京市只有 4 个人知道点燃主火炬的方式，是非常秘密的工作，因为这是开幕式上最吸引眼球的创新点！到现在，我最近听说的，大概也只有 10 个人知道是怎么点燃的。

我们看一看在过去是怎么点的。过去点的方式，在前几届，20 世纪 50 年代、60 年代点火炬的方式非常非常简单。有直接伸手上去点的；有架一个梯子上去点的，因为主火炬比较高，可能要设计一个梯子；还有几个运动员走一个旋转的梯子上去把火点燃。

1984 年的洛杉矶奥运会从底部往上点，点火的是著名的拳王阿里。他从底部点燃火炬，火经过传输传上去把上面点着了。1988 年在汉城奥运会的时候，也是有一个升降台，运动员乘坐升降台上去把火点着了。1992 年的巴塞罗那奥运会上点火仪式设计得比较巧妙，由一个弓箭手将火种用箭射上去，随后火炬就熊熊燃烧。

大家可能会问：万一射不进去怎么办？怎么那么准？怎么就能够从底下射上去？实际上节目也是安排了很长时间了。真正到了那个时候，弓箭手当然千锤百炼了，练了几百次了肯定能射进去。但是万一射不进去，来一个风把弓箭吹走了，它那个火也能点燃。主办方也用了很多其他的方式保障燃烧，用一个自动点火就把它点燃了！

下面，就让我们直接到悉尼看 2000 年奥运会的点火方式吧。

左图是悉尼的一个土著选手，他们的祖先就生活在澳洲的土地上，这块土地上的运动员在水里面点火，点着了以后是一个火圈。然后，这个火炬圈升起来一个台子。升起来以后，大的火炬要通过一个传送台传到主火炬的支架上面。升上去以后，到固定的位置以后有一个支架，然后撑上去，整个的

1948 年伦敦奥运会
当时的主火炬较为简陋

28 年之后
1976 年蒙特利尔奥运会
可以看出有所进步

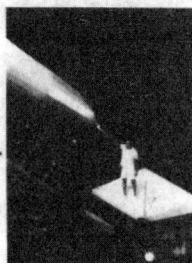
28 年之后
2004 年雅典奥运会
高技术的体现

奥运会主火炬点燃发展历史组图

主火炬就固定下来了。

这个主火炬点燃的过程实际上蕴涵了很高的技术含量，首先，整个技术的领域里面有建筑学，建一个台架要保持它的稳定性，建筑的设计很重要；其次，有机械、电学、水压工程、气体燃烧技术；另外还有计算机控制，升的时候不能太快，不能太慢，正好是曲子基本上结束的时候到那个位置，这都需要很多方面的控制。

悉尼奥运会点火仪式场景

而且，火炬上升的时候实际上也是很危险的。因为最近的观众离主火炬框架距离不是很远，如果有风刮过来，烧到观众怎么办？这就要进行测试，进行模拟的测试，设计之前如果没设计好以后的危险，那整个方案就打折扣了，必须在这个方案拿出来之前就要考察它的安全性！这就要靠计算机模拟，要考虑到设计的时候怎么传动，有怎样的速度，当时的风速是多大，预计最大风速有多少，整个传动以后出现的情况会怎么样。这当中需要有很多学科的人员协同作战，把它组织好。

所有的设计都有一个理念，即强调科技的成分必须跟人文的要素有机结合。点火炬有什么人文的要素呢？澳大利亚是南太平洋上的一片陆地，四周都是海水，就像被海水包围的一块绿洲。它是一个环海的国家，意味着这个火炬实际是代表它的国家，在海底升起的一个国家。这么一个想象，就是我这片土地是从海里面升起，升起以后升到一个很高的位置，就是这片土地的光辉，代表当地的地理、人文的结合。据说当时很多现场观众看到升起的过程以后都是热泪盈眶！这是让人非常感动的一种设计！另一方面，科学技术是保证这样的人文理念的基础：要考虑到很多结构、参数设计，还包括提升的时间、导轨的长度、总重量等等。这里面有很多要素，包括水池深度等等。

点燃主火炬大概是大家最关注的部分了。我刚才介绍了以前的点火方式和悉尼非常有特色的点火方式。大家可以去想象我们2008年的主火炬点燃会是用怎样的方式。我们的点火方式有怎样的科技含量，有没有跟人文结合的元素，到底是什么形式，大家都可以去猜，我也经常听各种各样的点火方式，很多观众经常跟我说，或者有的时候跟大家交流的时候大家也在讲，据说北京市民前一阵子还在征集点火的方式。

你有什么点子？比如说有人设想这样一个点子：他说，我们主体育场不是鸟巢吗？那就要表现鸟巢的特点，我派一个飞机然后像一个大鸟一样飞过，从飞机上扔出一团火球下来，正好扔到火炬里面去，一下把火点着了。这个有没有可能，大家可以想象一下。

观众的想象力有时是很强的，我们不能忽略有可能真的以这种方式把火点着了，我只是讲一个基本情况。很多点火方式或者表演都需要有技术的支持，包括我们讲现在的观众提出来的各种创意，那也需要有很强的技术手段支持，你在空中，在什么时候抛出一个物体？这个物体能够定位，定位正好是打在地面上的某个位置。我举这个例子，鼓励大家发挥想象力，设想一下我们可能出现的点火方式，也可以给组委会提意见。

转播技术

第三个部分我想给大家讲一下奥运会的转播技术。在1932年，距离现在大约70年前，奥运会的转播首次用现场广播，就是用收音机发布出去了。到1936年柏林奥运会开始使用电视转播，当时电视的图像不清楚，并且只有当地的电视观众能收看，或者是通过一些传输手段，在欧洲大陆或者附近国家的观众能够看到，没有很好的转播条件。

60年代以后首次使用卫星转播，把图像信号送到空中通过卫星的分发，通过三个卫星的联合的沟通，相互之间传送图像。1964年东京奥运会的时候使用了卫星转播。这个意义很大！是近代转播技术的一个重要转折点。从原理上讲，地球

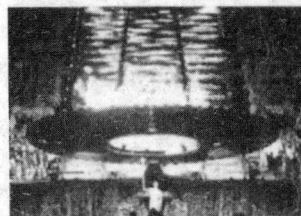

悉尼奥运会主火炬点燃组图

上所有的人都能看到电视，这样的情况使所有国家的观众都能够同步看到奥运会的电视节日。这个也很重要！有了卫星转播之后，很多人养成了这样的习惯，晚上不睡觉，一定要看开闭幕式！一定要看欧洲的足球赛！特别是年轻人，熬夜也得看！如果第二天起来再看录像，他觉得没劲。我不是这样的人，不知道现在有熬夜看比赛的习惯的观众是否可以想象没有卫星转播怎么办。从1964年起，科技满足了观众的这种要求。1996年互联网被引入比赛的转播，大家能够通过互联网看到电视节目，看到比赛情况了。

1972年，转播技术得到了进一步发展。当时观看开闭幕式实况转播听众和观众一共有10亿人，全世界有四分之一的人口能够看到开闭幕式，这都是一些历史情况了。2004年，雅典奥运会的摄像机用了1000多台，电视频道300多个，观看人数有40亿了，将近五分之四的人口在观看！而且是高清晰度的电视！图像跟原来的大不一样！

我们北京奥运会的技术会不会有新的发展？这是大家关心的问题。很有可能，2008年北京奥运会举办之时，大家能够通过手机接收到图像。这又是一个很大的进步！不管在什么地方，我不方便上网，我不方便看电视，我就打开我的手机，通过手机能够看到一些比赛的场景。这很可能会实现！大家拭目以待，看看北京奥运会不会取得这样一个重大的进展。如果可以实现，这也是我们中国人的骄傲！

安全技术

下面来讲一下安全技术。安全技术也是跟大家息息相关的。我有一个牌子，这是一个身份的标志牌，这里面有奥运的五环在上面！一个很小的标志，上面有我的照片，另外还有一个很厚的卡片，这是我1996年在亚特兰大"被迫"参加奥运会的时候，它发给我的身份证！因为我在佐治亚理工大学学习，佐治亚理工大学的校园正好是奥运会开闭幕式组委会的总部，是A区。属于安全最高级的A区！我们在里面工作，不能因为开奥运会就把我们在里面工作的人赶走，但是又要保证安全，所以就发了这样的一个牌照，必须是持有这个牌照的人才能进入。

大家是不是觉得有这样的牌照很简单，很容易仿造？其实它并不像我们看到的这么简单，这个厚厚的卡片里面有识别身份的密码信息，我个人所有的信息都在里面，这是很难伪造的！除此之外，还有一个安全设施叫做手掌掌纹识别装置。亚特兰大奥运会当时运用的掌纹识别是：如果你要进入 A 区，就必须手掌放到一个读写器上面，这个读写器识别出来是某个人的身份，调用内存从数据库里面找出来一张照片，如果看这个照片跟你本人相符，那就可以让你进去。如果跳出来不一样，那就对不起，当场就可能把你抓起来了。这是非常严格的安全措施。

有人可能会问："这么壁垒森严的安全措施，会不会给一些观众带来麻烦和不必要的心理障碍？"这个有可能。把手掌放上去核对掌纹，有美国警察站在旁边，美国警察的左轮手枪插在腰部，真的子弹在里面，一般人都会感觉到很大的压力。有没有可能既使安全措施保障及时又不会给大家带来这么大的压力呢？这是有可能的。

比如说现在的脸面识别技术，你就不必将手掌压上去了，对面有一个摄像机照过来，对你的脸面进行识别，识别以后这个图像传到计算机里面，跟你的计算机内部的图像对照以后，认准了是你这么一个人，你就可以进去了。在整个安全检察的过程中，都没有对你造成什么影响。今后，技术可能发展到你从远处走过来，计算机就已经识别出是不是你这个人了。等你走到门口，已经可以准许你进入了。这样，就不会耽误你的任何事情。

再比如说，现在正研制的一种安全手段叫做步伐确定。就是人走的姿态的确定，人的身高你无法改变，人走路的特征你无法改变，我们任何一个人走路都有他的特征，每个人都不一样，而且特征的捕捉可以远距离进行捕捉。就是说，不用等你走到信息采集器或者录像头前面我才能知道你是谁，很远就能知道这个人的步伐特点。如很多恐怖分子在录像上都出现过，他走路的姿态都出现过，这些特征能够被计算机识别出来。他的身高、他的走路姿态，在很远就能识别出来，这个人跟恐怖分子的走路姿态非常相像，有可能就是这个人。这个准确度是多少？我们还不得而知，但是科学家正在研制这种技术。相信在不远的将来，这项安全技术也能得到广泛的应用。每个人走路的特征，走路是先迈左腿还是先迈右腿，怎么样交换步伐，步子的宽度、走路的时候人有没有摇晃，类似这样的情况它都很真实地记录下来。你很难伪装，这些正是现在正在发展的一些安全技术。

我们来看一些实际的情况：我们讲的安全包括两个部分，一个是"天灾"，一个是"人祸"。"天灾"大家很好理解，如果下雨了，地震了，下暴雨了，这些都可能是天灾。比如，我们国家奥运会的主体育场——"鸟巢"，中间是露天的，没有封顶，要是那天比赛下暴雨怎么办？就等着雨水往里面浇吗？我们的导演组设计了很多舞台的表演，如果下大雨，效果会怎样？其实我们开幕式选择 2008 年 8 月 8 日已经考虑到了很多气候因素，8 月份的天气可能是北京雨水较少的季节。

但是谁也不能保证那一天不会下雨。所以，尽管做了很多准备工作，现在我们的组织者仍然非常关注气候等"天灾"问题。下雨了怎么办？现在还启动了一些项目，专门研究与气候等相关"天灾"问题的技术，比如说如果要下雨，能不能有一个技术能够把雨挡住？也就是说能不能人工消雨或者有类似的功能？当然，我相信我们的技术人员能够把这个问题解决，那天大家看到的肯定是一个圆满的开幕式。

另外我们还要讲"人祸"。举一些例子：1968 年墨西哥奥运会，由于贫富悬殊，社会矛盾激化，十万余名居民在市中心示威，反对政府耗巨资承办奥运会，当局竟派军警镇压，造成 260 人死亡，1200 多人受伤。历史上最大的惨案是 1972 年的慕尼黑奥运会，一个恐怖组织持枪潜入以色列代表团的驻地，当场打死两名运动员，另外还劫持了 9 人作为人质，造成最后以色列 11 名运动员无一生还、一名德国警察殉职的惨剧。

我亲身经历的是：1996 年亚特兰大奥运会举办时，有人在奥林匹克公园座椅底下放了一个炸弹，爆炸了，但是幸好没有造成重大人员伤亡。炸弹一炸以后，新闻媒体马上纷纷报道，有的新闻媒体甚至非常不负责任，说是中国人干的，我们华人当时都非常气愤！为什么说是中国人干的？因为 1996 年的时候，台海出现了很大的危机，美国舰队穿过台湾海峡，威胁很大。当时媒体非常不负责，说是中国人策划的爆炸，后来查清楚了是精神上可能有障碍的美国人自己所为！但是，当时这样的事情也给所有的参赛者、所有的相关人士构成了心理上的很大的压力。这些例子都表明，要保证奥运会的正常运行及圆满成功，整个奥运会举办期间的安全很重要，而且其重要程度应该是首位的！

科技对开闭幕式设计的支持

设计和艺术是开闭幕式展示创意的方式，是普通老百姓比较关心的一件事。科技对其有怎样的贡献？这个主题主要介绍以下方面：激光水幕技术、焰火技术、舞台构建技术、投影技术。

激光水幕技术专题

我们先来看看激光水幕：一个怀孕妇女的形象，出现在 2004 年雅典奥运会"历史年轮"部分最后一个主题"生命的典章"中，一个孕妇慢慢走进海水中，在场的观众摇动他们手中的灯，使整个运动场成了一个银河系。此刻湖的中央慢慢浮起了高 24 米、宽 50 米的水幕，随着当中显现的星星的上升，出现了 DNA 螺旋效果。大家可能都看过这段录像或者直接看到现场转播了。但是，我们仔细想一想，当时这个场地是一个很空旷的区域，空旷的区域上面不可能摆任何屏幕。

要看到一个图像有这么几种可能：一种是我们直接看到一个物体，比如说大家直接看到我或者周围的你。为什么我们能看到这个图像呢？是因为光线照到我，我又把光线反射给你，你就看到我。要有个物体才能看到，这是第一种情况。比如说看到一架飞机，看到一朵云彩，我们看到一个物体就能看到一个图像。

第二种情况就是把这个光线反射到一个介质上面，比如说大家常看到的投影屏就是光线打到这个介质上面，然后光线又反射给你们，你们看到了。电视机也是，电视机的屏幕里面本身的元素会发光，屏幕上出现发光的色彩你也能看得到，可是它都要有个介

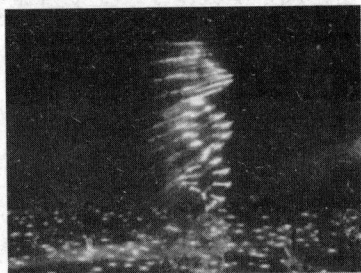

雅典奥运会开幕式"生命的典章"中的激光水幕

质，要有个物体作为一个介质。但为什么在空中能够出现一个图像呢？这是因为把"水幕"当作一种介质，反射了激光。"水幕"就是将水汽往上喷，造成一个水的介质，然后激光在水汽里面反射形成这样一个图像。如果没有这个水幕，是不可能形成图像的。

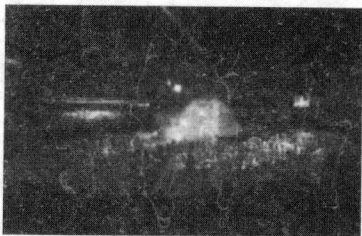
雅典奥运会开幕式中激光水幕表演

所以，要在一个水幕里面形成图像，必须要有很强的技术手段来支持，这就包括了投影技术和雅典奥运会独特的水幕技术。

这个场景是雅典奥运会开幕式创意者把激光技术应用到极致的一种体现。据说，刘淇同志在现场观看到这种节目以后，很有感慨。他说，其实奥运会开幕式就是科技手段的展示，科技手段非常重要。要没有这个手段，我们怎么可能在这样一个空旷的场地上，形成一个大家那么熟悉又那么有代表性的图像呢？

"DNA螺旋效果"象征了人类知识深入的历程，它代表世界万物中最伟大的生命元素，不管我们人类来自哪里，我们的未来都锁定在这个简单的DNA模型中。这美妙的景象还蕴涵着生命起源于海洋，人类来自水中的事实。这很有哲学味道，我们的未来是锁定在这个简单的模型中，它创造了我们又使我们互不相同！人文的表现手段与人的科技最高成就的展示，非常统一地表现在这个节目里面。

焰火技术专题

作为大型活动开闭幕式必不可少的一部分，五彩斑斓的焰火不仅让暮色沉沉的夜空变得更加美丽，也点亮了每个人的笑脸，带来欢快的气氛。

自中国人发明火药以来，焰火的技术就在不断进步。从过去的人工点燃引线到现在的计算机控制焰火燃放；从只能燃放有限的色彩到如今能调制出任何色彩，可以说，焰火技术的进步给奥运会的开闭幕式带来了更多的欢声笑语。可能有的观众会问：焰火有什么技术含量？我们经常看焰火。其实，焰火技术也是技术含量非常高的一种表演形式。

我给大家举一个例子，比如说我们有火箭要上天了，大家都看到过，这时候有个倒计时，"10、9、8、7、6、5、4、3、2、1"，这时候我们可以在电视屏幕上看到倒计时数字，倒数到1，火箭上天了！但是，我们现在开幕式和闭幕式，都是叫"广场艺术"，什么叫"广场艺术"？是所有的观众都坐在一个广场上，可能也有屏幕，我们也可以设一个很大的屏幕，但是很多观众看不到。有的时候看得不清楚或者它展示的力度不是很强，他能够唯一看到的是空中出现的大型的物件，物体上出现的焰火。这时候我们能不能让焰火展示一些文字？比如说空中展示"10"，然后再展示一个"9"，焰火打到空中"10、9、8、7、6、5、4、3、2、1"，把数字在空中打出来。有没有可能实现？

冷焰火

可以！这已经有人实现了！不是说可以不可以的问题，这个技术已经有了，就是空中焰火打出数字，打出文字出来，这里面需要的技术手段有什么？它需要每一个弹药体上面，在空中爆炸的弹药体要有很强的协同性，必须是同时的！它是很多弹同时往上发，因此必须要有一些芯片埋在弹体里面，不管从哪个发射器发射出来，只要到那个时间它就开炸。这跟我们过去放鞭炮不一样，想听到两个鞭炮同时炸，我们哆哆嗦嗦地去点那个鞭炮，有的人点得慢有的人点得快，还炸不起来，就算同时点着了，火药线往里面传的速度可能还是不一样，我们听到的声音还是两声。芯片就不一样，它定时到微秒的量级，所以根本就感觉不到有什么不同，就是同时发生的事件。焰火技术很有可能是我们北京奥运会的一大技术亮点。

之前有很多奥运会的科学家和工程人员在设计这些焰火方面做得非常好，比如说悉尼奥运会的焰火表演主题叫"感谢你"，它当时甚至派了飞机从体育场飞到歌剧院，飞到大铁桥，飞过大铁桥时，整个大铁桥上喷

悉尼奥运会"感谢你"焰火表演

出焰火。焰火汇演的结尾高潮是一个由奥运五环颜色组成的焰火"瀑布"，从海港大桥上垂垂落下，大桥上的奥运五环标志经历了 20 分钟的金银色焰火"阵雨"。在表演的末尾，组织者发射两枚照明弹向全世界的观众谢幕。每枚照明弹的直径长达 24 英寸，可以说是能在世界上找到的最大的照明弹。

大铁桥上的五环最后也喷出焰火，飞了出来。这个里面的技术难点不是怎么点燃五环，因为这个五环是固定的，固定在一个圈子上面，难点是怎么让焰火持续 3 分钟燃烧。大家都知道焰火是转瞬即逝的，怎么让焰火能持续 3 分钟燃烧，看起来好像灯一样呢？悉尼奥运会组织者组织了五大洲的焰火专家参与这一工作，每一洲的专家都设计一种能持续 3 分钟的焰火作品。来自世界五大洲的焰火专家象征着奥运会的五环。但是，如果五环是在空中的，没有固定，这个难度就更大了。现在科学技术日新月异，以前做得很漂亮，可能我们会做得比他们更漂亮！这取决于我们中国科技人员的智慧。

另外我还要强调一点：很多人不喜欢放烟花，包括我也是持反对的态度。2007 年春节北京燃放鞭炮解禁了，实际上也是为奥运会做铺垫。为什么大家会不喜欢烟花呢？主要是因为烟很大，另外很吵，扰民！现在的科技人员研究的烟花，有的是无烟的、无污染的安全烟花。如何确保安全？我们看，焰火放出来，有一个人敢用手去碰那个焰火，这是一种特制的高科技焰火！它的温度大概只有 40 到 50 摄氏度，属于"冷焰火"。相当于放上去是热水澡的温度，冲热水澡的温度一点也不会烫到手，它是用一个燃点很低的金属粉末加上一些材料做成的，对人无害、无污染。冷焰火是近年来烟花发展的新趋势，曾在上海 APEC 会议、悉尼奥运会、2002 年日韩世界杯、全国九运会上崭露头角。当然，这种焰火成本较高，我国是焰火的发明地，也有放焰火的传统，如果能够有高新技术手段使大家都觉得挺热闹的又没有什么危害，那真是一件大好事！

雅典奥运会《爱琴海的浪漫》中小男孩乘坐"纸船"

投影技术专题

在历届奥运会开闭幕式上，投影技术都

是不可缺少的创意元素，在巨大的主会场上出现大小各异的投影屏幕，带给观众真实的艺术场景和壮观的艺术享受。2004 年雅典奥运会的时候，随着大型雕塑的不断分裂，悬浮在立方体周围成群的石块在奥林匹克体育场上空升起，岩石的表面随之被投影，在它们分裂的碎片上可以看到五大洲四大洋的轮廓，石块上出现了不同民族、不同人种、各种各样肤色的人脸形象，这是对人类的美与多样化的赞美。这很明显来自于古希腊神话中上帝创造了人类的传说。

石块是飘动的，角度在不停地变换，如何保证清晰地跟踪投影，就是一项投影难题。这种技术归纳为两项，一项是要求投影灯的照明度非常高，第二是能否跟踪变化的物体。当时用的是全球最亮最大的巨无霸投影机，光束不但可以投在静态的物件上，动态的物件也可以，每个光度达到了 27000 流明。当时，每个投影仪上安装了一个带有特制的 DMX 探测球的触发器，可以使工作人员通过追踪投影到移动的石头上的图像，确保这些图像的位置始终以石头为中心。看似很简单的投影过程，其实背后也有很强的技术手段做支持。

表演舞台专题

奥运会开幕式是奥运会的重头大戏，开幕式的成功相当于奥运会整体成功了一半，好的舞台创意能够吸引更多观众的眼球，给开幕式的影响程度大大加分。在以往奥运开幕式的舞台设计上，广泛采用的是升降舞台以拓展表演空间。而在悉尼奥运会开闭幕式上就多处使用了多变的组合机械舞台，以体现多样的造型，营造独特的艺术氛围。在雅典奥运会开幕式上，爱琴海蓝色的海水令每个人记忆深刻。以水为舞台，将水的文章做到极致，是开幕式

雅典奥运会投影技术组图

的最大新意。另外，还使用了高空飞行和"爱琴海"的舞台设计来完成高难度的舞台表演，场面非常壮观，也极具技术新意。

以 2004 年雅典主会场的水池舞台设计为例：它的主会场用水覆盖，是一个大水池，水池上面燃起五环的火焰。这个水池里面有 9645 立方米的水，9000 多立方米的水，算是很大的含水量了！如果当时看到录像或者是电视台转播的观众能够注意到：后来还有一个希腊的小孩驾了一个小船从水面上飘过去，像小孩玩具的那种小船飘过去。

纸船是希腊孩子喜爱的玩具，代表他们对海的亲近。小船在宽阔的海域上摇弋，象征着希腊虽然是一个小国，却诞生了伟大的思想。但是，那么多的水，现场是怎么处理的呢？这个艺术活动表演完还有很多其他的活动马上要开始。这么多的水怎么把它处理掉？所有的水排掉大概用了多长时间呢？虽然花费了整整 6 个小时注水，但排光这些水只需 3 分钟，因为组委会方面专门设计了 10 根直径达到 0.5 米的巨大排水管，每秒钟能从池中排空 3000 升的水。这是个多功能后台，主体育场在开幕式表演时会变成一个令人吃惊的特大号剧场，整个空间便形成硕大的剧场机器，而这些工作中的机器将隐藏在地下或吊在上空。

雅典奥运会开幕式还应用了非常复杂的飞行系统。这些系统包括 18 个轨道钢缆，在三维空间内运输超过 10 吨重的物件，空中飞行系统的钢索网络用 37 千米的钢索编织而成。除了用于舞台布景，缆线网络还用于演出中 35 名演员的高空表演。

钢缆的高空飞行系统位于露天大型运动场上方 36.5 米处，为满足不同的路线要求，在这个缆绳网络中，有 24 个独立的轨道，每一个轨道都来自于场地中心的一个网络枢纽。18 个平台上固定好的、由电脑控制的 72 个钢丝绞盘根据舞台场景的变化而在场地中移动，这些绞盘控制了 72 条缆绳，这些缆绳的合力可以举起 22500 千克的场景布置。

科技对开闭幕式组织管理的支持

最后我想讲讲关于科技组织管理方面的工作。因为我来自北京理工大学

管理学院，大家可能会问，管理跟技术有什么关系？实际上管理也是一个非常重要的技术手段，同时也需要大量的技术支持。因为它本身也是科学，同时又是很强的技术手段。

我们在整个开闭幕式的组织策划里面涉及的人、涉及的志愿者，以雅典为例就有4000多人，面试了700多个小时，年龄最大的志愿者有70多岁，接送演员的车辆有

雅典奥运会《爱琴海的浪漫》中的飞行系统

6000多辆，演员的服装用料是11000码，飞行的钢索是37千米。所有的这些硬件、人和组织，要把它组织好不是那么容易的事。它涉及组织管理协同性，这里面包括语音传输、通讯、无线信号的控制、节目预制等很多方面的问题。

比如说，什么时候出现道具？什么时候道具该收起来了？什么时候曲子要出来了？一整套的事情都要做大量的工作，所以大家不要以为张艺谋导演一个人在做，实际上不是这样。张艺谋导演他只是做艺术表演这块，在他和他的导演组创意之后，具体的技术实施就由有大量的科技人员、大量的艺术设计人员、大量的指挥现场导演协同来做。

所以，大家要区别开来，不要好像办好办不好都是他一个人的责任。办得好不好其实首先是我们所有老百姓的责任。因为我们老百姓养活了这些科学家，养活了这些主办单位的组织者，他们是什么样的素质？他们跟我们老百姓一样诞生在这个土地上。我们每个人都有责任！可以说是成千上万的老百姓一起支持了整个的奥运会开闭幕式的节目。

刘淇同志曾经说过："我们希望通过精彩的北京奥运会开闭幕式给全世界亿万观众留下美好的印象，要体现同一个世界、同一个梦想的主题口号，要体现科技奥运、绿色奥运、人文奥运三大理念，表达和谐的核心思想。"这是我最后送给大家的一句话："如今奥运会已经成为高科技的巨大实验室，百年奥运之路同时也是科技进步之路！"

六、知识在线

　　知识无止境，用科学知识武装头脑，学到了就是你的，它不会背叛！当代科学技术日新月异、千变万化，未来的科普必然更加基础化、综合化、社会化、网络化和国际化，只有在普及必要的科学知识上下工夫，才能以不变应万变，适应跨越式发展的需要。徜徉在知识的海洋里，科学不是传说，梦想也不再遥远！

美国太阳能汽车大赛

颜 磊

来自美国和加拿大20所大学的学生们，驾驶着亲手设计制造的太阳能汽车，从美国中东部的芝加哥出发，经过近4000公里的漫漫旅途抵达美国西海岸的洛杉矶。

当这场号称世界上"最艰苦、最刺激"的太阳能汽车比赛在美国洛杉矶落幕时，有的参赛汽车甚至抛锚在半路上。每当一辆汽车抵达终点，都会有四名工作人员合力把电池板抬起来，躺在电池板下的大学生车手这时已是满头大汗，匆忙解开"五花大绑"的安全带，跳出驾驶舱找水喝。

在比赛终点，所有参赛汽车都只有普通汽车的车轮一般高，整个车身被一块巨大的流线型太阳能电池板所覆盖，驾驶员只能"躺在"电池板下面驾驶。电池板中央凸出来一个透明的玻璃罩，驾驶员可以通过玻璃罩观察路况。

参赛大学生们说，太阳能车将太阳能转化为电能作为汽车动力，将车身设计成这种形状，主要是为了在有限车身面积上尽可能多地安装太阳能电池，提高太阳能汽车的动力性，而且这种设计还可以减少汽车重量和阻力。

车手们回忆，此次拉力赛途经内华达州的沙漠地区时，当地最高气温达45摄氏度，他们在车内"几乎要晕过去"。而且开太阳能车比开普通汽车更费神，车手们必须时刻注意车内各种系统是否正常工作。不过，让他们自豪的是，他们开的是洁净能源汽车。

这次夺冠的太阳能车由密苏里大学罗拉分校的大学生设计制造，这辆车以68公里的平均时速跑完了全程。20岁的里克是该校电子工程系一年级的学生，他说，这辆精心设计的太阳能车仅重150公斤，如果获得1.5千瓦的电力供应就可以飞起来。不过他们测算，即使在阳光充足的中午时分，这辆车

也只能获得 1 千瓦的电能。

稚气未脱的里克还说，太阳能车并非成熟产品，因此十分"娇嫩"，恶劣的天气或是轻微的撞击可以轻易地损坏太阳能电池系统。一路上，所有参与研制工作的大学生随一辆给养车跟在太阳能车的后面，以便随时修理技术故障。每次碰到故障时，所有人齐心协力排除故障，培养了大家的团队精神。他们的赛车之所以夺冠，是因为当初设计汽车时考虑比较周密，因此尽管一路上经历了各种恶劣天气和复杂路况，但汽车很少抛锚。

里克骄傲地说，这辆车的设计者全部为该校一年级或二年级学生，分别来自计算机、电子工程、机械工程和空间科学等专业。他们利用从几家公司拉到的赞助，花费了两年的业余时间，才造出了这辆太阳能车。在研制过程中，每个人的聪明才华都得到淋漓尽致的发挥，实际动手能力得到极大提高。

参赛的大学生说，他们通过自己动手设计太阳能汽车，亲身体验了把书本所学专业知识应用于实际的过程。比赛主要组织者美国能源部则表示，这样的比赛也使洁净能源问题引起更多的重视。

以火灭火

林 坤

在库帕尔所写的《草原》一书里，记载了这样一个故事：美洲的草原上失了火，一群旅客都着急得有点惊慌失措了，只有一个老猎人在观察，在沉思。以后的情况，书中是这样描写的：

"是行动的时候了，为了我们全体都有救，现在大家要听我的。"老猎人昂起头，像军队的指挥官下命令似的，决心采取断然的措施。"现在行动已经太迟了，可怜的老头子！"米德里顿叫道，"大火距离我们只有400来米，而且风又这样猛烈地向我们吹来。"

"这些我都知道，只要你们听我的，火并没有什么可怕。请大家立即动手，消灭掉我们面前的这块干草，清出一块地方来。"

大家想不出别的办法，看到老猎人是那样的自信，而且又已带头动手，也就只好跟着行动起来。在很短的时间内，就清出了一块直径约5米的空地。老猎人让妇女们把携带的东西搬到空地的一边去，并用被褥把那些容易着火的衣物盖起来。这些预防措施做好后，老猎人就走到这块空地的另一边。那里大火已经像一堵高大的围墙，向旅客迅速逼来。他拿了一束非常干的草放在枪尖上点起来，等到这束干草烧旺了，老猎人就把它扔到近旁的高树丛里，然后回到空地上，耐心等待着自己行动的结果。

他放的这把火贪婪地扑向新的燃料，一会儿连附近的干草也烧着了。

"现在大家可以看到我们这条火龙如何去扑灭那逼近我们的火墙了。"老猎人安慰着受惊的人群说。

"这不是更危险了吗？"吃惊的米德里顿大声叫道，"你不但没有把大火赶走，反而把它引到身边来了。"

老猎人放的这把火愈烧愈旺，同时向三个方向蔓延开来；但在第四个方向——人们所在的地方，却因燃料稀少熄灭了。这火龙按着老猎人的意愿向前猛扑过去了，留给人们的是愈来愈大的空地。这片刚出现的还在冒着烟的空地，比用镰刀割出的空地都光得多，直到这时候，受惊的人群才认识到：老猎人的简易灭火法真是有效。因为随着火龙的伸展，不仅人们有了安全的空地，而且一些方向上的火墙已经减弱下去，眼看就要熄灭。虽然这时黑烟还呛得人们难受，但人们已一致向老猎人投出了感谢的目光。

这种跟草原上或森林里的大火作斗争的方法，并不简单，只有那些极有经验的人才能掌握。

一般情况下，火总是顺着风的方向燃烧的，但在故事里，老猎人却能让自己放的火迎着火焰烧去，显然这是很不简单的。

不过你可不要因为这么一说就产生一种错觉：以为老猎人真能顶风放火了。其实，不管什么时候火焰总是顺着风的方向的。以蜡烛的火焰为例来说吧。火焰中的空气受了热（参与燃烧），体积膨胀，比重减小，于是上升；别处的空气立刻来补充。这样就形成了向上的微弱的风，火焰自然也就向上晃动。

在草原上的大火燃烧时，风虽然是从燃烧着的草原那边向旅客吹来，但在火焰前离火很近的地方，是有相反气流向火焰吹的。正像蜡烛燃烧时，空气既从左边吹来，又从右边吹来（实际是从四面吹来）一样。这种情况使得老猎人巧妙地挽救了自己和其他人。老猎人的具体做法是：他先仔细地观察和考虑，等到发现有相反的气流向大火流去时，才动手顺风放火，使自己放的火顺风向大火扑去。这种做法成败的关键在于：掌握好时机。放火太早了，相反气流没出现，放的火自然是烧向自己，造成更坏的局势。放火太晚了，放的火还没有扑向火墙去，火墙就已经烧着了自己。放火必须不早不迟。

网络、成名与个性

李丽虹　宋兴川

2006 年，一个题为《奔奔族——中国社会压力最大、最水深火热的族群》的帖子，引爆了各大网站论坛和社区。文中指出："奔奔族"既是"当前中国社会最重要的青春力量"，又是"中国社会压力最大的族群"。他们身处于房价高、车价高、医疗费高的"三高时代"。"奔奔族"一词，源于他们"一路号叫着不停地奔跑在事业的道路上"的状态。

特殊的网络族群

作为当今社会最时髦的族群，"奔奔族"与曾经引领时尚的"布波族"有明显的差异。"布波族"是布尔乔亚和波希米亚这两种性质完全不同、甚至相互冲突的社会阶层的矛盾综合体，他们既讲究物质层面的精致化享乐，又极力标榜生活方式的自由不羁与浪漫主义。"奔奔族"则是指那些为实现自己的人生理想而处于奔波、奔忙状态的年轻一族。与功成名就的"布波族"相比，"奔奔族"率真坦诚、不拘传统、蔑视权威、独立思考、个性张扬。他们对"布波族"的所谓小资情调嗤之以鼻，追求休闲和适合自己的生活方式，穿着打扮不追求所谓名牌，而是"只买对的，不买贵的"。对于"布波族"身着名牌、讲究情调与格调的生活方式，"奔奔族"认为那只是一种面具化的生活。

更为重要的是，"奔奔族"是

因为网络而出现的族群，又是网络中最大的族群。他们通过网络交友、谈恋爱，并通过网络获得名气和财富。网络在他们生活中占据着重要的位置，他们自诩"为网络而生"。

掀起网络致富狂潮

"奔奔族"出现在网络盛行的年代。他们借助互联网，奉行"低成本创业"。一台电脑、一个人、一根上网线，就是他们互联网创业所需的全部投入。他们利用网络的"草根"优势，有的依靠创意和激情在三四年的时间里完成了资本积累，如戴志康、李想、邓迪、高燃等一大批年轻的网络富豪。

随着社会上一夜成名、一夜暴富的现象越来越多，"奔奔族"一夜成名的愿望空前强烈。他们认为，网络是公平的，不管你是富家公子还是平民百姓，只要你狂放张扬、特立独行，你便能功成名就。这是一种典型的先成名后获利的成功模式。不少"奔奔族"特立独行的目的就是想成为媒体关注的焦点。

"奔奔族"毫不讳言个人一夜成名的野心和一夜暴富的梦想。媒体评价他们"只要不触犯法律，就会以十二分的热情去创造财富"。所以，网络成就红人的频率，从刚开始的每年一两人，到后来的两三个月一人，最后发展到现在的一月数人。在网络成名不断提速的背后，我们看到的不再是那种仅限于对内心、对观念的表达，更多涌现的是"奔奔族"无限的物质渴望。

"张扬"与"另类"的背后

对于"奔奔族"现象，有人说："不过是网络上一次热闹的概念炒作而已，是'奔奔族'矫情的自怜自慰。"虽然这个词产生于网络，但是它能够盛行于网络，是因为几乎每一个看到这个词的青年都可以从中找到自己的影子。不能否认，扩大到现实社会中，这个词真实地反映了生于 20 世纪 70 年代后期这一代人的群体生存状态。在理想、家庭、事业、人生发展的重要阶段，他们却身处前所未有的变革时代，经历着高考、住房、医疗制度的改革。在诸多社会压力下，历史赋予他们更多的社会责任，从而让他们面临更多的挑战，承受更大的压力。

也有人说"'奔奔族'信仰缺失、精神沙漠化、中国传统文化缺失，是精神迷茫的一代"。的确，从他们的文字中，我们看到的不再是那种仅限于对内心观念的表达，涌现更多的是他们对物质无限的渴望。然而在责备他们的同时，也应该看到他们这代人自出生之日便站在奔跑的起跑线上，自幼儿园起的各种补习班到大学里的考证热是多数"奔奔族"的成长经历；在价值观形成之时，高速发展的信息技术为他们接触多元文化和价值观念提供了便利的条件。在激烈竞争的环境中，在不断奔跑的人生道路上，"奔奔族"无暇思考和反省。社会在为青年一代创造更加富足的物质条件的同时，更有责任为他们营造一个健康向上的精神世界。

还有人说"'奔奔族'是被宠坏的一代"。与生在经济困难时期、读书赶上"文革"、工作遭遇"下岗"的父辈们相比，"奔奔族"无疑是幸福的；与"又红又专"千军万马挤高考独木桥的上代人相比，"奔奔族"也有更多成功的模式和发展的方向。但是在呵护中茁壮成长的同时，他们也背负着父辈们太多的期望。当我们劝他们在社会转型时期自强自立的时候，要承认他们正以其独特的方式体验社会、实践人生，正以不同以往的新鲜的青春活力影响着我们的社会。

"少年智则国智……少年强则国强……少年进步则国进步。""奔奔族"作为最具时代代表性的一代人，最终必然担负起社会中坚力量的重任，因此全社会不能单纯地以"张扬"、"另类"、"自我膨胀"来评价他们的"一路奔跑，一路号叫"，而是有必要以历史的责任感，理性地看待他们、积极地引导他们、耐心地关爱他们。

人类呼吸的真正起因

袁清华

在人体中，肺这个器官是非常忙碌的。从早到晚，它都不能有片刻的休息，即使是在你睡梦之中。它总是不停地呼入新鲜空气，并有选择地把空气中的氧气留下来。与此同时，它还需要把身体产生的废气（二氧化碳）呼出去。人的身体每时每刻都离不开氧气，更容不得废气存留体内。如若不然，身体里的所有化学变化，非乱套不可。

每一个正常人的肺部都这样一天到晚地工作，可是人类呼吸的真正起因是什么呢？当人还在母体中孕育的时候，肺是瘪的，里边没有一点空气。而且肺里还灌满了水，这些水就是医生们所说的"肺液"。这样，等到人出生后就有很多问题接踵而至。第一点是，必须先把肺液全部弄走，否则，空气就无法正常进入。第二点是，要让瘪瘪的肺张开，这就需要婴儿自己能吸气才行。可是婴儿又是如何才能知道自己出生了，应该吸气了？这第一次呼吸到底是怎么发生的？

医学家们实验得知，胎儿肺里的水不是个小数目，少的有60—70毫升，多的有100—200毫升。可是婴儿一出生，只要一吸气，这些水又几乎全都不见了，它们究竟哪里去了呢？这是医学家一直探究的课题。

医学家们经过研究证明，小婴儿第一次吸气时都很用力，吸力大，进肺里的空气就多；接下来他们再用力呼气，从而把肺内小泡泡里的水往上赶，肺的淋巴管马上把水吸走。就这样经过几次呼吸，肺里的水基本上就被排除得干干净净了。

可是还有一个问题非常有意思：婴儿的肺为什么会一出生就开始呼吸呢？

多数医学家认为是由于冷刺激的原因。婴儿从妈妈的肚子里，来到这个冰凉的世界，由于冷的刺激唤醒了大脑中主管肺呼吸的脑神经，呼吸就这样开始了。为了验证这一点，他们用羊的胎儿做实验，从母羊的肚子中取出羊的胎儿，并将之浸泡在凉水里，本来没有丝毫呼吸的胎儿，开始呼吸起来。随后，他们一点点地增加水温，胎儿仍有呼吸，可是，当水温增加到40℃时，呼吸反而消失了。可见促使胎儿开始呼吸的原因应该是寒冷。

还有一种说法认为，人都有一种天生的本性，一旦遇到惊吓或者非常意外的事情，都会不由自主地倒吸一口凉气。婴儿出生，对他自己来说也是一种突然变化，这种变化会把婴儿吓得倒吸气，这一吸，促成了呼吸的开始，从此就呼吸不止了。可是，另有一些医学家通过测量发现，婴儿的第一口吸气的力量比平常吸气的力量大两三倍；可是当受到惊吓时，倒吸气远没有这么大的劲，他们认为这个说法有点牵强。

其他的说法，还有好几种。医学家对此还在不断地寻找、探索人类呼吸的真正的起因。

钻石疑案

李佳音

相传，在 18 世纪的法国巴黎，曾发生过这样一件事：

在巴黎市中心开设有一家珠宝行。珠宝行老板是一位年过花甲的老人，名叫考尔比。考尔比经营这家商行已三十多年了，商行的规模在巴黎城同行业中是数一数二的，它的声誉蜚声整座巴黎城。商行顾客盈门，生意兴隆。有一年，商行从东方的印度采购到一颗世上罕见的钻石。消息像插了翅膀迅速地传播开来，一下子轰动了全城，市民们都想一睹为快。

一天，三位顾客——莫尔、埃罗、桑特同来珠宝行参观。老板考尔比热情地欢迎他们的光临。寒暄一番以后，考尔比便把三人迎入珍藏室。老板边介绍，边打开珍宝箱，那颗乌黑透亮的钻石，使来客赞不绝口。老板盖好珍宝箱后，又谨慎地用一张粘满糨糊的白色纸封条封好，然后把客人领到客厅叙谈。

当客人们坐定后，考尔比先后给三位客人各送上一杯咖啡。在客人们端咖啡杯时，考尔比发现三人的右手手指上都有点小伤：莫尔的食指稍有发炎；埃罗的拇指曾被毒虫咬过；桑特的中指则被刀划破。看来三人的受伤手指在来访前都用不同的药水涂抹过。

宾主边品尝咖啡，边无拘束地闲谈着。当他们谈兴正浓时，考尔比的老朋友、化学家德维尔前来拜访。经考尔比介绍，化学家与三位客人一一握手问好。化学家德维尔是一位健谈的人，因而，宾主五人叙谈的气氛更加热烈，谈论的内容也十分有趣。席间三位客人都有事先后外出，但是，也都在很短的时间内又回到客厅，并且依旧谈笑风生。当客人们再次谈起那颗罕见的钻石时，化学家德维尔也想一饱眼福，便请主人领到珍藏室参观。当主人撕下湿漉漉的白色纸封条、打开箱盖时，意外地发现钻石不见了。他伤心地喊了一声："我的上帝呀！"就昏过去了。沉着机智的德维尔唤醒主人，询问了整个过程，又察看了一下现场和封条后，便安慰老板说："不用着急！我会帮你把事情查得一清二楚的。"

化学家搀扶着考尔比回到客厅后，向三位客人宣布钻石失踪了。三位客人个个神情自若，像是没有发生过什么事似的。

化学家用锐利的目光从三人的手指上迅速扫过，然后对埃罗说："是你偷走钻石的！"

"凭什么判定我偷走钻石？"埃罗强掩饰着内心恐慌反问。"你那呈现蓝黑色的拇指。"德维尔十分有把握地回答。原来，德维尔刚到客厅，与三位客人握手时，就发现他们手指各涂有不同颜色的药水：莫尔的食指发炎，涂紫药水；埃罗的拇指毒虫咬肿，抹碘酒，呈黄色；桑特的中指被刀划破，擦红药水。如果钻石是莫尔或桑特偷的，他们在启封条和贴封条时，在湿白纸条上会留下紫色或红色的痕迹。而埃罗手指抹过碘酒，他在启封条和贴封条时，抹过碘酒的拇指与封条上的湿糨糊接触时，碘酒中的碘与糨糊中的淀粉起化学反应，使原来碘的黄色呈蓝黑色。德维尔看到白纸封条上留有蓝黑色痕迹，又见到埃罗拇指上也有蓝黑色，便以此为据作出这一判断。

鸡蛋里的秘密

刘 夏

第一次世界大战期间，法国索姆的一部分被德国占领，被分成两半。同一城市的居民被分界线隔开，但来往依旧。战斗停止的间歇里，德占区和法占区的居民纷纷越过分界线，探望另一边的朋友和亲戚。

在这些来往的人们中，有一个妇女引起了反间谍人员的注意。她几乎每天都要穿过分界线，从德占区走到法占区去看望她的弟弟。由于她穿越分界线的次数过于频繁，以至防线的守护人员都认识她。法国人对她这样频繁来往于两方感到不解，怀疑她抱有其他目的。

但是，法国反间谍人员找不出她有任何破绽。每一次经过防线接受检查时，找不出一点儿可疑之处。她同一般的妇女一样，总是携带一些诸如鸡蛋、面包或者针线一类的生活必需品。到法占区的弟弟家后，她也不呆很长时间就离开。总之，她与所有穿越分界线的居民别无两样，不像抱有特殊目的的危险人物。

但是，老练的法国反间谍人员始终不敢放松对她的警惕。

一天，她又像往常一样从法占区弟弟的家返回，提着篮子来到分界线的检查站。一位反间谍人员上前检查。由于常来常往，两个人已经很熟悉了。反间谍人员边与她说话，边检查篮子里的东西。

篮子里仍然同往常一样装满了食品：一大堆熟鸡蛋和八大块面包。法国人漫不经心地问这妇女一些诸如气候等日常的问题，手却在不停地摆弄篮子里的东西，而眼睛则注视着妇女的表情有什么变化。

他从篮子里拿起一只鸡蛋，摆弄半天，随手往上一抛然后用手接住，这样一个并非有意的小游戏，却使这个妇女的表情有些异样。

机敏的法国人看到了这一点儿，于是他继续抛鸡蛋。鸡蛋被抛得越来越高，似乎一不小心就可能摔得粉碎。旁边的人都对这个检查人员大惑不解。

法国检查人员看到，鸡蛋抛得越高，这个妇女越紧张。她满脸通红，神色慌张。莫非这鸡蛋中有什么名堂？

他停下来仔细检查鸡蛋，但找不出破绽，蛋壳上没有任何记号。但这个妇女何至于这样慌乱呢？

他于是把这些熟鸡蛋敲开，小心地剥去蛋壳，在一个鸡蛋的蛋白上，发现了许多很小的符号和字！

经放大和破译之后才知道，蛋白上的符号和字迹，标出了法军各支部队的驻扎区域，法军的全部防线都在这一个鸡蛋内。

试想，蛋内有字，鸡蛋壳上却什么也看不出来，这是什么道理呢？原来，这是德国人的一个发明：用醋酸在蛋壳上写字，等醋酸干后再煮鸡蛋，这些字就会被吸收，并穿过蛋壳印在煮熟的蛋白上，而蛋壳上却不会留下任何痕迹，即使是在显微镜下也看不出来。

可是机敏的法国人却通过察言观色，看出了那妇女的反常表情，识破这一计谋。那个妇女后来以间谍罪被处死。

用冰取火

树 民

希腊神话中，普罗米修斯将火种从天上偷引到地上，成为人类歌颂的大英雄。人类的文明史离不开火，现在人们的生活、工作也缺不了火。聪明的人类发明了火柴和各种各样的打火器，可以十分方便地点燃起火焰。

有一支探险队，在南极洲的暖季到达那块大陆时，却不幸丢失了打火器，能找的地方都找过了，就是不见打火器的踪影。

南极洲的暖季，虽然太阳不落，永远悬挂在天空中，其实气温也在 -10℃左右。没有火，就不能烧水做饭维持生活；没有火，生命将处于危险之中。

探险家们不会束手无策，静待死神的到来。船长和一位科学博士开始研究点燃火堆的办法。船长说："有一部小说，主人翁鲁滨孙在孤岛上所用的火种，是靠闪电点燃一棵树木获得的，可惜这种偶然的外界帮助，机会太少了。"

"是太靠不住了。"博士回答。

"我们连一个望远镜都没有，如果有望远镜，倒可以把透镜拿下取火了。"船长又说。

"是呀，"博士回答说，"可真太遗憾了，我们竟没有这个东西。太阳光倒很强，有了透镜，一定能够烧着火绒的。"

"怎么办呢？博士，全靠你了。"船长说。

"我们为什么不……"博士沉思地说。

"你想出了什么办法？"船长好奇地问。

"但是，不知道能不能成功。"博士犹豫不定地说。

"你到底想出了什么办法？"船长追问道。

"我们不是没有透镜吗？我们自己造一个。"

"怎样造法？"船长问道。

"用冰块来造。"博士说，"我们需要的不过是使太阳光聚焦到一点，用冰块也许和用水晶一样有效。但是，要选用一块比较坚实和比较透明的。"

船长指着一块冰块说："这块冰块也许能满足你要求。"

博士和船长一同向那块冰块走去。确定它基本符合要求后，船长叫来了其他的人。博士下令砍下一大块冰来，这块冰的直径大约有 0.5 米。先用斧头把它砍平，然后用小刀精修，最后用温暖的双手不断摸弄，慢慢地做成了一个光洁透明的半球形的"冰透镜"。博士拿着这块"冰透镜"向着太阳，让太阳光穿过"冰透镜"聚焦到一团干燥蓬松的火绒上。一会儿，火绒冒出淡淡的一缕青烟，又过了一会儿，火绒上出现一个红点，顷刻间，火绒燃烧起来了。一场危机终于过去了，探险队又开始了正常的工作和生活。

冰与火，我们常认为是不相容的，科学却让我们用冰取得了火。凡是透明的东西，光线便能够穿过它，所以透明很好的冰，本身不会吸收很多太阳光，以至转变成热量，造成温度升高和熔解。而由于把冰块做成半球形透镜，根据光学原理，穿过冰块的光线会聚焦到一点，使火绒处在这一点时便吸收到大量热量，温度升高，燃起火焰。

古剑不锈之谜

　　1965年，我国考古工作者在湖北江陵发掘楚墓时，发现两把寒光闪闪的宝剑，其中有一把剑就是著名的"越王勾践剑"，剑身上黑色菱形格子花纹仍清晰可见。为什么已埋在地下2000多年的宝剑出土时竟没有一丝锈痕？1974年，三把剑身乌亮、寒光逼人的宝剑在陕西临潼秦始皇陵陶俑坑中出土。同样这几把剑也是在五六米深的潮湿土壤中埋了2000多年，出土时不但毫无锈迹，而且能一下子划破十多张纸，其锋利让人咋舌不已。

　　古剑不锈成为人们急于探索的神秘现象。为了不损坏这些宝贵的文物，有关部门采用了多种现代仪器对宝剑的表层化学成分进行检测。

　　检测分析结果表明，这些宝剑的金属成分是铜与锡的合金，即商朝时就发明的青铜。是锡这种抗锈金属使宝剑历经2000年都不生锈。另外一个主要原因是这些宝剑在当年被打造的时候对其表面都进了防锈处理。

　　1974年出土的3把剑的表面处理，则更为先进。古人用氧化能力非常强的铬盐酸把剑进行氧化处理，于是剑的表层金属就紧紧地覆盖在剑的表面。这层仅厚0.01毫米的氧化金属性质却非常稳定，因而也就不会被锈蚀了。

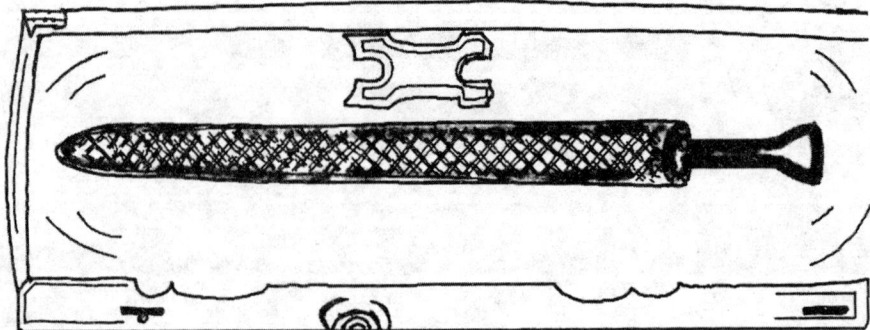

机器人探秘金字塔

常团委

公元 2002 年 9 月 17 日凌晨 2：00，由美国国家地理学会组织的考古学家借助机器人"金字塔漫游者"突破"死神之翼"进入胡夫金字塔！而且由美国国家地理频道负责向全球 142 个国家和地区现场直播。

"不论是谁骚扰了法老安宁，死神之翼将在它头上降临。"胡夫金字塔上有这么一段可怕铭文，然而机器人应该例外吧。

本次机器人探秘金字塔行动的负责人是埃及古物高级委员会的主席扎赫·哈瓦斯和"吉萨高原绘图计划"总策划玛克·列那教授。"金字塔漫游者"探访的是王后墓室内一个约 20 厘米见方的凹凸不平的秘密通道，该通道自 1872 年被首次发现时，其顶端就一直处于封死状态，100 多年来，科学家们对该通道的作用费尽猜疑。目前所知，胡夫金字塔内包含法老墓室和王后墓室两个大房间，王后墓室比法老墓室略小，笔直地位于法老墓室下层。

"金字塔漫游者"实际上是小型化了的蛇形机器人，造价约 20 万美元。它身长 30 厘米，宽 12 厘米，高度可在 11 至 28 厘米之间调节，重量只有 2.7 公斤，装备着世界上最先进的探测设备。

胡夫金字塔位于开罗西南郊，是埃及最大的金字塔，被称为世界七大奇迹之一。这座金字塔由 230 万块巨石建造，其中最轻的 2.5 吨，最重的达 160 吨。它的工程浩大，结构精细，其建造涉及测量学、天文学、力学、物理学和数学等各领域，被称之为人类历史上最伟大的石头建筑，至今还有许多未被揭开的谜。

对于这两条神秘的通道，多年来有好多种猜测。一开始有科学家认为它们是空气和水的通道，然而它们都被死死堵住，并不能供气供水；一些专家认为，它们是"星光隧道"，通道的末端分别指向天狼星和猎户星座的一颗亮星；还有一种解释是，它们都是"灵魂通道"，建造的目的是让死后埋葬在金字塔内的法老灵魂能够从这个通道穿越，升入天堂。更有科学家认为，金字塔是外星人建造的，这两条通道是为了供他们自己出入，因为他们的体型远比人类小！

"金字塔漫游者"接近带有铜把手之后，发现石门不能移动，也没有可供拍摄的孔隙。如何探究其背后的秘密呢？美国考古学家经过仔细分析，提出大胆设想——在石门上钻一个孔，因为通过"金字塔漫游者"的多次测试，他们已经获知这道石门的厚度仅有 7.5 厘米左右。起初，本次考古活动的负责人、埃及著名考古学家哈瓦斯博士并不同意，因为对他来说，"金字塔的安全是第一位的。"

后来，美国考古学家们建立了一个模拟石门并进行多次试验，结果"金字塔漫游者"都只用了不到 25 秒就在石门上钻出一个小洞，刚好可以通过一个微型摄像头和一个小摄像灯，效果很好，而且石门没有出现崩裂的情况，直到这时哈瓦斯博士才点头同意了。

也许千古之谜注定要再给人们多些期待，多些激情和悬念。正是通过这小洞，人们看到神秘的阻路石的背后是一道上面已经有了一些裂缝的石门！那么这扇石门后面又是什么呢？只有下一次的科学探秘能回答我们。

七、动物世界

在大自然中，无论是体型庞大还是微小的动物，它们都有一些令人吃惊的"壮举"，这些动物都具有丰富的情感和自我保护能力，以及超人的智慧。它们的神奇和魅力将给你一个全新的感受。

大象的死亡葬礼

欧阳明涛

1978 年 12 月，一位动物学家在调查非洲象的分布时，声称他在无意中看到了一场"大象的葬礼"。他看到在距离密林不到 70 米处的一片草原上，几十头大象围着一头雌象。那头雌象是一头患了重病的老象，连站都站不住了。过了一会儿，老象蹲了下来，低着头，不停地喘着粗气，偶尔扇动一下耳朵，发出一声低沉的声音。围在四周的象用鼻子把附近的草叶卷成一束，投在雌象的嘴边。可它已经吃不了任何东西了，只是困难地支撑着身体。最后，雌象终于支持不住，倒在地上死了。这时，周围的象群发出一阵哀号，一头为首的雄象用自己的象牙掘松地面的泥土，并用鼻子卷起土块投到死象身上。其他的大象纷纷向它学习，用鼻子把石块、泥木、枯草、树枝卷成团，投到死象身上。过了没多久，死象就被完全掩埋了，地面上堆起了一个土墩。为首的雄象边用鼻子卷起土加在土墩上，同时用脚踩踏土墩。其他的象也跟着去踩那土墩，将它踩成了一座坚固的"坟墓"。最后，只听雄象发出一声洪亮的叫声，象群马上停止踩踏，开始绕着土墩慢慢地绕圈。象群就这样一直走到太阳下山，才耷拉着头，甩着鼻子，扇着耳朵，万分依恋地离开土墩，向密林深处走去。

这场罕见的"大象葬礼"引来了许多议论。有的动物学家从生物进化的角度出发，来解释大象这种神秘的"殡葬"行为。群居的大象可能会表现出对死去同伴的某种怜惜，就像前述动物学家观察到的那样，它们可能掩埋伙伴，或者为其收尸。有时候，大象也许会用长长的鼻子，把象骨和象牙卷起来放到某一个集中的处所去，这便是它们的"公墓区"。也可能因为象牙是大象生命的某种象征物，所以大象会拿走死去同伴的象牙。但是，一些科学家

仍然认为，目前要想证实大象有真正的"殡葬"行为，还缺少足够的确凿的资料。所以，对于"大象葬礼"，人类还是持谨慎态度为好。

前苏联探险家布加莱斯基兄弟，曾经根据"大象墓园"这个传说，去非洲的肯尼亚寻找象牙。据说有一天，他们在一座高高的山顶上，看见对面山上有许多白花花的动物尸骨，一头大象正摇摇摆摆地走到骨堆旁边，哀叫了一声后便倒地而亡了。惊喜万分的兄弟俩确定那里就是大象的墓地，于是立刻奔了过去，却在途中遭到了野兽的袭击，前面又是深不可测的沼泽，他们只好无功而返。

由于没有值得信任的人真正去过那里，所以人们一直怀疑有关大象墓地的传说。更多的学者则认为，自从象牙进入贵重商品的行列后，在非洲流传的那些有关动物生活习性的神秘说法，就日益变味、走样。特别是当法律禁止猎杀大象后，为了达到自己不可告人的目的，一些偷猎者故意渲染所谓"大象墓园"的传说。他们在探险、科学考察的幌子掩盖下，肆意捕杀大象、攫取象牙，事后却声称自己是在"大象墓地"中找到象牙的。看来，人类应该进行一些真正的科学考察，这样才能更多地了解大象，更好地保护它们。

海豚的语言系统为何如此发达

齐超凡

科学家们在研究中发现，海豚有复杂的声讯系统。法国著名生物学家布斯耐尔教授曾经做过一个有趣的实验，即用木棒击水可以引来海豚。

他是在非洲发现这一现象的。那里的渔民主要依靠海豚捕鱼，他们先把网支在岸边，然后一个人在水中用木棒击水，发出"啪、啪、啪"的响声。不到一刻钟，远处地平线上便出现了一排小黑点。小黑点是由成群的海豚组成的，大批的鱼儿在它们的驱赶下向岸边涌来。成千上万的鱼儿惊恐地逃命，争先恐后地跃出水面，落入渔民的网中。这种有趣的捕鱼方式使渔民们不费吹灰之力，便捕到了大批的鲜鱼。此后，在美国佛罗里达海岸，布斯耐尔本人亲自在众多的海洋生物学家们的面前进行了表演，大家都惊呆了。有人还认为他在施魔法呢。

许多人都感到奇怪，为什么会出现这种情景呢。经过细致分析，研究人员们终于解开了这个谜。原来，海豚喜欢吃一种鱼，这种鱼发出的声音就像木棒击水的声音。因此，海豚错把木棒击水的声音当成了食物信号。非洲渔民对海豚通信的妙用使他们能很容易捕捉到大量的鲜鱼。

但就是这种系统，有时也会给海豚惹来麻烦。海豚经常成群结队地闯入日本渔民的作业渔场、袭击鱼群。尽管民怨四起，但海豚是一种十分珍贵的海洋动物，各国法律都不允许狂捕乱捞，伤害海豚，以致破坏生态平衡。那么，怎样才能不伤害海豚又保护鱼群呢？日本的一个渔业研究所的科学家们，制造了一种塑料的身长4米的人造虎鲸，虎鲸肚子里装着一部声波发射机，录有虎鲸叫声，不停地进行播放。虎鲸是海豚的天敌，因此一听到虎鲸的叫声，海豚便会惊慌四散地远离渔场。

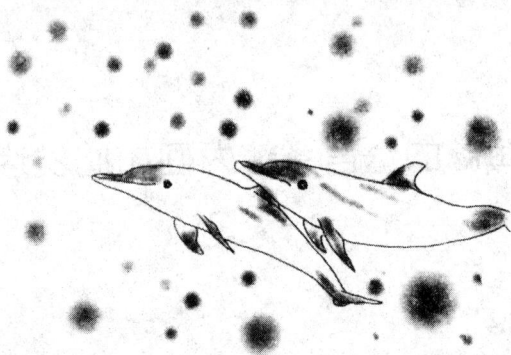

海豚不仅有十分完善的通信功能。生物学家还发现它们有非常丰富的"词汇"。它所发出的一系列类似哨声的声信号就是它的通信信号。美国科学家发现，大西洋海豚和太平洋海豚发出的叫声共有 32 种，除两者通用的 9 种，大西洋海豚经常使用的还有 8 种，太平洋海豚经常使用的还有 7 种。海洋学家们认为，不仅同种海豚可以利用声波信号进行通信联络和交流，而且不同种的海豚之间还可以进行对话。

这种聪明的海洋动物，是否也具有类似于人类语言的表达能力呢?

美国生物学家厄尔·默奇森曾做过一个试验：他向一只名叫凯伊的雌海豚提出了 20 个问题，凯伊前有两个圆球，它推红圆球表示有，推蓝圆球表示没有。厄尔把一物体放入水中，这些物体大小、形状各不相同，厄尔问凯伊："那里有什么东西吗?"凯伊经过一番探测，很快地做出了令人满意的回答。随后，默奇森提出关于形状的问题："这个物体是不是圆的?"其实不论物体是什么形状，凯伊都能准确地回答。

不仅如此，海豚有很强的学习英语的能力。美国学者贡·利里教授曾做过这样一个实验，它用英语教给海豚 1 - 10 的数词，几星期后，海豚竟模仿人的声音表示了出来。刚同它作伴的另一只海豚竟然也令人惊奇地说出了这些数词! 原来，几秒钟之内海豚就能把所学的知识传授给同伴，而它的同伴学会这些知识竟然也只用了几秒钟自时间。

今天，科学家们仍在对海豚的"语言"进行坚持不懈的研究，我们希望海豚将来能更好地为人类服务。

箭鱼撞物时如何避免自我伤害

在第二次世界大战期间，曾发生过这样一件真实的事情，那时二战已进入尾声，一艘英国轮船"巴尔巴拉号"在横渡大西洋的一次定期航行中，值班水手突然在船的左舷发现了鱼雷。于是轮船上顿时警报大作，所有人都慌作一团，往甲板跑去。当时主舵手为了改变航向拼命转舵。人们从左舷看过去，只见一个黑色的椭圆形的东西正飞速往轮船冲来，在其身后还掀起了一道白浪。紧接着便听到一声巨响，震耳欲聋，轮船立刻剧烈地震动了起来。船上所有的人都被这突如其来的"鱼雷"吓呆了，可是轮船并没有像人们所担心的那样爆炸，只是船底被撞出了一个大窟窿，海水涌了进来。而那可怕的"鱼雷"却突然改变了航向，居然又冲向了另一个方向。船员们终于恍然大悟，原来这"鱼雷"竟是一条巨大的箭鱼！

直到现在，在英国的自然历史博物馆里，人们仍可看到这样的陈列品：被箭鱼击穿的半米厚的船板。更让人惊异的是，前几年又有报道，一艘英国军舰居然被箭鱼击沉。从这个实例看来，对箭鱼来说，"活鱼雷"的称号，还

是十分贴切的。

看到这里读者也许会提出这样的问题：一条箭鱼，血肉之躯，怎么能够承受得住冲击时所产生的巨大的反作用力呢？它在撞物时是如何避免自我伤害呢？

原来，箭鱼身体两侧长有非常结实的肌肉，它身上位于脊椎间的软骨悬垫便是冲击时极佳的抗震器和缓冲器。而其箭的基部骨则有蜂窝状结构，蜂窝孔中充满油液。因此，箭鱼不但能猛烈地冲击外物，而同时又不会使自己受到伤害。

人类对动物自以为是的认知

佚　名

老鼠喜欢奶酪、鲨鱼从不睡觉、猫有九条命、大象害怕老鼠……关于动物有很多传统说法，可是经过科学家研究发现，很多说法并不正确，甚至纯粹是无稽之谈。

1. 老鼠喜欢奶酪

《猫和老鼠》的制作人肯定搞错了——老鼠不喜欢奶酪。曼彻斯特都市大学的研究人员最近发现，这种啮齿类动物其实更喜欢富含糖的食物，如巧克力。老鼠的天然食物主要由谷物和水果组成，这两种都富含糖类。该大学资历较深的心理学家大卫·霍姆斯博士说："老鼠对食物的气味、结构和味道都有反应。奶酪是一种在它们的自然环境中所没有的食物，所以它们不会对奶酪有反应。"

2. 鲨鱼从不睡觉

以前，大家都普遍认为鲨鱼从不睡觉。据佛罗里达州自然历史博物馆的记载，白鳍鲨、虎鲨和大白鲨其实是睡觉的，它们是白天睡觉，晚上出来活动。其他种类的鲨通过气孔，迫使水通过腮，提供稳定的富氧水，让它们在静止不动时可以呼吸。支配游水的器官——中央测试信号发生器位于脊髓，它让礁鲨可以无意识地游泳。但因为鱼没有眼睑，所以无法判断鲨鱼是否在睡觉。

3. 金鱼很健忘

普利茅斯大学的研究人员训练金鱼压杠杆来获取食物。有一次，科学家们训练金鱼1个小时后，它们就记住了。

4. 海豚很聪明

最新研究显示，有鳍形肢的海豚应该是个相当聪明的家伙，但它不是典型的同类水栖哺乳动物。位于约翰内斯堡的威特沃特斯兰德大学学者马上提出，海豚并没有那么聪明，不可能参加任何大学挑战赛。海豚大脑主体多数是由神经胶质细胞或支持细胞构成的，而不是直接关系到智力的神经细胞。大脑的神经胶质只能在寒冷水域中起调节脑部温度的作用。

5. 猫不会游泳

从欧亚大陆的干旱地区进化而来的猫和水没有天然的联系。在埃及沙漠发现了最早的家猫。然而，有研究显示，从小猫时期就让其接触水的话，它们会非常高兴地涉水前行。在野生猫里，有些依靠水生存。在尼泊尔、印度和中国也能找到孟加拉 mach – bagral 猫，就是众所周知的"游泳猫"。在进化过程中，它已长出格外长的爪子用来帮它抓鱼。

6. 猫有九条命

美国防止虐待动物协会已努力游说议员们清除有关猫能毫发无损地从高处落下的荒诞说法。专家们设计了新的短语"高楼综合症"，用以解释这些过于自信的宠物们为什么从高处坠下时会受伤。然而，虽然猫确实具有"正位反射"的能力，它们可以在几乎一瞬间的工夫旋转，而保持身体的平衡，但猫保护联合会报告说，在猫坠落窗台导致的受伤中，最常见的是下巴和骨盆断裂。

7. 狼总对着月亮嚎叫

狼在伴侣死后，对月长嚎的故事很悲惨。研究表明，狼嚎叫有几个原因，但没有一个是受月亮感召的。它们这样做一是为了显示在狼群中的级别。低级别的狼群成员可能会因参与"嚎叫"受到惩罚。二是为了在猎食之前和猎食过程中召集狼群。有人称，狼会在孤独和高兴的时候嚎叫，即使两种嚎叫声听起来一样的凄惨，但每只狼都有自己独特的嚎叫声。它们对着月亮嚎叫的说法还需要证实，一种推测是狼在月光皎洁的夜晚会更活跃，所以叫得更欢。

8. 发情的野兔也疯狂

在英国乡下流传的传说中，野兔拥有很高的地位。它那难以捉摸的古怪

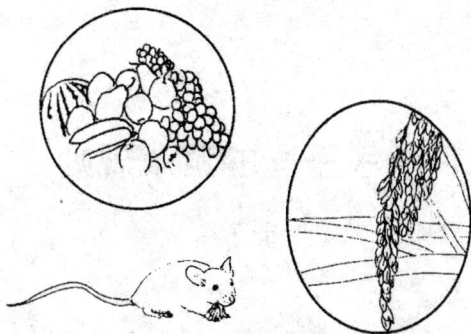

行为在春季尤为显著。但飞速追赶、暴跳和假装"拳击"与疯狂没有任何关系。据哺乳动物协会介绍，这是野兔一种奇特的发情期行为。雄性野兔赶跑情敌，雌性野兔会"教训"对它过分友好的异性。这种"疯狂行为"不仅仅只发生在3月。从2月到9月都是野兔的发情期。

9. 蜉蝣只能活一天

蜉蝣绝对能活两年，蜉蝣蛹在河岸蛰伏两年，通过微小的腮来呼吸，以小型动植物为食，之后才能拥有单薄的羽翼，汇聚成夏日一道壮观的风景。它们在傍晚配对，几个小时后产下"爱情的结晶"。到早上的时候，多数蜉蝣会死去，但有些能坚持活到48小时。在英国，有46种蜉蝣。它们一般出现在夏季早期，但到了8月也能看到它们的踪影。

10. 大象害怕老鼠

当然不是这样。无论是圈养的还是野外的大象，对老鼠早已是司空见惯，毫无惧怕之意。除了人之外，健康的成年大象面临的敌人很少，它们只会对不熟悉的情景和声音感到害怕。这被认为是大象害怕老鼠的根本原因。在古罗马时期，当大象被当作作战工具时，它们因惧怕猪的嚎叫声而逃走。这才产生了关于大象害怕老鼠的传说。

猴子王国的游戏规则

马楠楠

猴子属灵长目动物，大多栖息在热带丛林中。它们大脑发达，上肢和下肢也稍有分工，且上肢还具有与人手相近的一些功能；它们的视觉敏锐，身形灵活，善于攀爬跳跃，一条长长的尾巴可以使身体保持平衡。

猴子是群居动物，这有助于它们守住觅食的领地，有效地抵御外来侵犯，更安全地繁衍生息。猴群按性别不同及其后代分为若干组。同人类一样，它们也非常喜欢通过声音、表情、动作进行交流。例如，当有敌情出现时，猴子们就通过面部表情、手势等视觉信号警告同类。有时候，它们也利用叫喊、触摸和互相清洁以及气味进行交流，这样的交流能缓解群体之间的紧张气氛，增进彼此之间的感情。

不仅如此，猴子也像人类社会一样有着复杂的群体关系和严密的等级制度。每只猴子在群体中都有着各自的地位，并且代代相袭，这种猴子王国的世袭制度是日本的一位动物学家在 1950 年发现的。当时，他认为这种规则只存在于猕猴王国中。近年来，科学家们又有最新的发现：在野生的罗猴、狒狒当中也同样有这种森严的等级制度。世袭制意味着统治权是代代相传的。猴子王国是一个典型的母系社会，因此在这个王国中继承母系权力的自然是雌性小猴。继承了母亲权力的母猴具有绝对的权威，无论雌雄长幼都归它统治。同人类的原始母系社会一样，一个母猴也会有几个甚至几十个"丈夫"，所以猴子后代只知道谁是自己的母亲，至于父亲是谁就无从可知了。正是如此，雄性猴子是无法享有这种世袭权力的，所以公猴成年后就会离开原来的猴群，到一个新的猴群中开始新的生活。

同样，猴子们也有地位高低、出身贵贱之分，父母的阶级、血统直接影响着子女的"身份等级"。这就意味着，有的猴子的命运生来卑贱，而有的猴子则出身高贵，处处享有特权，并且这种地位会伴随其一生。比如当猴子之间发生争斗时，不管平民猴子多么有理、多么勇敢地"捍卫自己的权利"，最终的胜利者肯定是贵族猴子。因为无论是什么阶级，任何母亲总是会偏袒

嗅中枢

嗅觉图

自己的子女，在猴群中当然也不例外。那些级别高的母猴在这些争斗场合中，只需站在旁边为自己的子女助威。很快就可以吓退对手。由于有母亲在一旁撑腰，小猴子们自然更加横行霸道，它们经常欺负那些年龄大但地位低的猴子，向平民猴子寻衅滋事，简直像极了人类社会中的"官家恶少"，称王称霸，无法无天。

如此黑暗的社会关系似乎在动物界是很少见的，这可以说是灵长类动物有别于其他动物的独特之处。

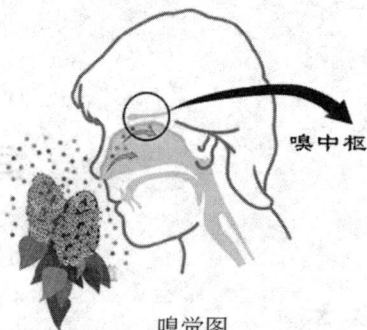

恒洞猴与叶猴

李忠东

印度盛产猴子，其中一种名叫恒河猴。恒河猴在这个国度很有背景，非常吃得开。印度人敬畏这种猴子，经常主动地给它们喂食。

恒河猴受到如此宠爱，变得有恃无恐，以攻击性和"反社会"的习性出了名。恒河猴在首都新德里"安营扎寨"，将市中心的红沙石建筑群变成自己的"家园"，数量多达1万余只。这个建筑群是印度总统府、国防部、三军司令部、外交部、财政部等所在地，掩映在参天古树之中，草木苍翠，风景优美。

马尼·桑卡·艾亚尔初任石油部长，刚上任的第一天便遭到恒河猴的一顿穷追猛打，他只好"落荒而逃"。事情是这样的，艾亚尔的前任一个月前从石油部的官邸搬出之后，200多只恒河猴便抢先一步"接管"了这幢建筑物。进而登堂入室，为所欲为，根本不把新主人放在眼里，艾亚尔万般无奈，被迫放弃了办公室。

有恒河猴这样的"邻居"，办公室自然安静不下来。刚开始时，官员们对恒河猴还比较客气，猴儿们也还有所顾忌，只是溜进里面去偷水果或者花生。后来渐渐地变本加厉，在找不到吃的东西时，它们便"顺手牵羊"，将文件窃走。有时，还肆意"破坏"办公室的电话线路，使通讯中断。

一楼是三军司令部的办公所在地，为了防止恒河猴偷盗机密文件，人们只好在所有的窗户上都安装了防护铁栏。结果办公室变成了"铁笼子"，人们在里面上班的滋味可想而知。有时，猴儿们还胆大包天，竟然巧妙地躲开警卫，连总统的卧室也敢窥视。

面对恒河猴肆无忌惮的搞破坏行为，印度政府觉得有必要采取措施加以制止。怎么办呢？印度宗教反对杀戮动物，猴子受到保护，有特别的"豁免权"。经过反复考虑，想出了"以猴制猴"的高招。

有关部门找来一种身材高大、更好斗的猴种——叶猴，来对付在政府办公大楼里占"山"为王的恒河猴。想不到这一招还真灵，"欺软怕硬"的恒河猴很怕叶猴，纷纷被赶进了捕猴人的圈套。这些被捕获的恒河猴由政府用车运走，放回到树林深处去了。

叶猴为政府"打工"，每月工资 600 卢比，不发现金，而用香蕉代替。叶猴工作负责，办事认真，每天分早、中、晚，在政府建筑物的周围分别巡逻一次。自从叶猴上岗值班以来，这里又恢复了往日的平静，再也没有发生"猴灾"了。

珍珠是怎样产生的

萧 梓

华贵、高雅、美丽的珍珠是海洋里特有的精华，素有"仙女的眼泪"、"月亮的露滴"之称。自然界里的珍珠色泽各异，有银白色、粉红色、奶黄色，还有黑色，这是因为珍珠内含有铜、钚、钠等各种金属。判断珍珠价值的重要标准之一就是珍珠的色彩，各国人对色彩的喜恶也不尽相同。欧洲人喜欢粉红色的珍珠；南美、中美洲的人则对金黄色的珍珠比较钟爱。黑珍珠则是其中最为昂贵的，因为它非常稀少，因此价格几乎是银白色珍珠的2倍。

世界上最大的天然珍珠重6350克，直径为279.6毫米，几乎与排球一样大，称为"老子珠"。关于这颗巨大的珍珠，还有一段典故呢。菲律宾以南有一个名叫尼拉望的小岛，达雅克人祖祖辈辈都居住在这个小岛上。一天，几个达雅克人到附近海中捕捞贝类，其中一位同伴下水后，好久不见踪影。于是，大家分头寻找，结果发现他被夹在了一只巨型贝里面。大家赶紧连人带贝一起捞出水面。打开一看，贝壳里竟然有一颗人头大小的珍珠。后来这颗

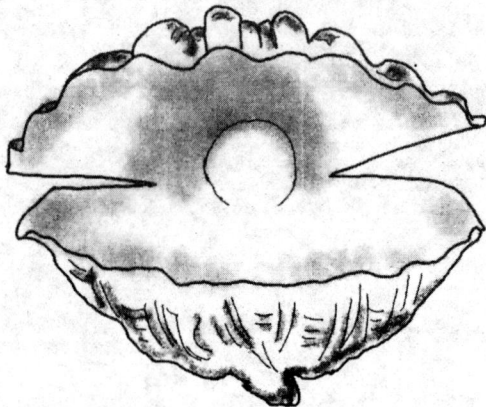

珍珠成为酋长的私有财产。几年后，酋长的儿子身患疟疾，生命垂危，一位美国考古学家用自己随身带的药品救了那孩子的命。酋长为了向这位考古学家表示感谢，便把这颗硕大的珍珠送给了这位美国人。如今，这颗珍珠被存放在旧金山银行的保险库里。

宝贵而又神秘的珍珠到底是如何形成的呢？古人对此有许多美丽的传说。普里尼乌斯博物志中曾记载：珍珠是海底的贝浮到海面后，吸收从天上降下来的雨露后而育成的。古代印度教传说珍珠的产生跟牡蛎的出现有关，牡蛎打开贝壳时，雨滴落在了贝中，不久就变成了珍珠。总之，古人没有破解其中的奥秘，便只能相信这些传说，认为珍珠的诞生非常神秘。

当然，人们现在已经明白，如此昂贵的珍珠出身并不高贵，普通的贝类动物就是它的母亲。当珍珠的母亲——贝类动物张开贝壳时，有时会掉进来一些小沙粒等异物，贝类的外套膜组织中落入这些异物后，机体便产生本能反应，分泌出大量的珍珠质，将其包裹起来，一层一层地，最后这异物就有变成珍珠的可能。

动物冬眠

李冬晨

冬眠是一种很普遍的自然现象。每当寒冬到来，树叶凋零，大地萧索，动物界也随之失去了勃勃生机：蝴蝶停止了翩翩起舞，鱼儿躲在水底不吃也不喝，青蛙和蛇也销声匿迹……

那么，动物为什么要进行冬眠呢？首先是为了躲避寒冷及由此引起的食物减少。鲫鱼和鲶鱼在水温低于5℃时，就会潜伏在水底的泥里一动也不动；有一种叫蛭蝓的蜘蛛则躲进洞穴，用自己吐出的丝混合泥土，将洞口封起来；陆龟则躲进洞里；水龟潜伏在泥土里；蜥蜴躲到石头下面或枯叶丛里，蝾螈则在自己身上盖上泥土。可以说这些比较低等的动物的冬眠各具特色，相同之处就是心脏跳动骤然降低，不进食也不活动。

如果仅以适应冬季的自然环境来解释冬眠现象，似乎还有所欠缺，比如一些高等动物，如鸟类、熊和狼獾等也会冬眠，只是它们的体温还接近正常，偶尔会醒过来活动一下。1946年12月，有人在美国加利福尼亚州的一个深山峡谷的裂缝中，发现一只美洲的小鸱鸺，居然也如死了一样在冬眠。

随着人们发现动物冬眠现象的增多，产生的疑问也越来越多。那些动物在冬眠时为何几个月不吃不喝也能生存？更不可思议的是，母熊甚至能在冬眠期间生育小熊。动物冬眠是不是受自身的某些因素影响？冬眠动物的生理机能又与其他动物有什么差别？

这些疑问促使科学家们不断地深入研究。科学家们发现，黑熊在冬眠前的捕食量会大大增加，这些家伙每天花在进食上的时间几乎达到20个小时，摄取的热量增加到平时的10倍以上，使体重迅速增加。科学家推测黑熊的这种不正常的捕食行为受体内的某种物质控制，当该物质的数量产生变化时，就会导致黑熊的进食有所变化。换句话说，就是有某种物质控制着动物的冬眠行为。

科学家们又着手用实验的方法证明这一猜测。他们用一种能冬眠的黄鼠作为研究对象，先提取正在冬眠的黄鼠的一部分血液，然后把这些血液注射到正常活动的黄鼠体内，同时改变黄鼠周围的温度。当温度保持在7℃左右时，那些黄鼠就开始冬眠了。这个实验进一步证明诱发自然冬眠的物质可能存在。

那么，这些物质又是什么呢？科学家为了弄清这一问题，又对黄鼠做了一系列实验。他们将正在冬眠的黄鼠的血液里的血清和血细胞分离，然后分别注入两组活动的黄鼠的体内，结果两组黄鼠都冬眠了。科学家们又过滤了黄鼠的血清，并分别将过滤物和残留物注入两组黄鼠体内，结果是：注入残留物的一组黄鼠无一冬眠，而注入过滤物的黄鼠仍然会冬眠。人们由此认为，血清中只有一种含量极少的物质才能诱发冬眠。更有趣的是，使黄鼠冬眠的效果最好的血液不是来自其本身，而是来自一种有冬眠特性的旱獭的血清。这种血清，即使在烈日炎炎的夏天也能诱发黄鼠进入冬眠。

科学家进一步研究发现，动物的冬眠不仅仅受诱发物的作用，也受诱发物和抗诱发物之间的相互作用的影响。一般情况下，许多动物只是在春天的一小段时间里不分泌诱发物，也就是说动物在全年的绝大部分时间里都分泌诱发物，只是到了天气寒冷的秋冬季节，体内的诱发物增多，动物才开始冬眠；而到了春季，此时气温逐渐升高，抗诱发物也随之增多，等到抗诱发物与诱发物达到某种比例时，动物就从冬眠中苏醒过来了。

可能有人会问，为什么动物在冬眠的时候不会被冻死呢？原来，鼠、熊等动物的皮层下有防止体内热量散发的白色脂肪层，这一脂肪层分布在冬眠动物的肩胛骨上。而胸骨周围的褐色脂肪能快速产生热量，比白色脂肪快20倍，而且随着环境温度的变化，所产生的热量也不同。当气温降低时，刺激褐色脂肪里的交感神经接收到感觉细胞向大脑发出的信息，从而产生热量增加动物的体温，使动物能有效抵御寒冷。

然而，那些低等的昆虫类动物呢？它们在冬眠时的体温几乎已经消失了，又怎能度过寒冷的冬天呢？首先，昆虫能有效地保护虫卵。刺蛾的幼虫能在天气变冷时，躲在树枝上，吐出丝和粘液，结成硬茧，以抵御即将到来的寒冷，其他以幼虫过冬的动物也有类似的茧来保温；以卵过冬的昆虫则将卵产在洞里，如蝗虫在草根附近，将自己的产卵器插入土中，卵产好后，再排出胶液，将卵包住，再封闭洞口，这样这些卵就可以安全过冬了。其次，科学家们还发现，昆虫在冬眠时有很强的抗冻能力。他们发现昆虫的体内虽然没有动、静脉及血管，但是它们的心脏能产生一种压缩力，这种压缩力迫使体内液体流动，并输送营养物质。昆虫的体液中含有甘油、乙醇等物质，可以降低昆虫体内的结冰点。而且昆虫体内还有一种蛋白质能够把冰晶集结成冰核，这样，昆虫就可以"放心"地冬眠了。

虽然有关动物冬眠的研究已经进行了几个世纪，然而毕竟人类的科技发展水平还很有限，目前还无法探知诱发动物冬眠的物质究竟为何物，更不知道怎样利用这一物质造福人类。不过令人欣慰的是，已经有越来越多的科学家投入到这一领域的研究中来，动物冬眠现象的真正原因一定会解开。

八、人体探秘

　　人体中的每一个器官都有自己的故事，它们渴望我们的阅读，期待我们的了解，它们希望人们自己能够意识到——人体是一件多么完美的工艺品，它需要人类的尊重、善待和珍惜。如果说，生命是一个意味深远的旅程，我们的一生都在细细地体昧着这个旅程中的风景，那么，人体之谜就是这次旅程的起点，我们需要揭开谜底，走进生命。

记忆移植

秦 猛

　　传统心理学将人们在过去生活中不断积累的知识与经验在大脑中的反映称为记忆。另一种关于记忆的说法是来自认识心理学，其观点是：信息的输入、编码、储存和提取的过程就是记忆。一个正常成人的大脑分为左右两个半球，重约 1400 克。大脑最重要的部分是大脑皮层，它厚约 1.3—4.5 毫米，若是将它全部展开，面积可达 7200 平方厘米，它是重要的心理活动器官，其结构和功能相当复杂。那么，是大脑的哪个部位将输入的记忆信息储存起来了呢？记忆可以移植吗？

　　在科幻电影中有移植记忆的情节，将一个人的记忆通过某种仪器移植入另一个人的大脑当中，植入者不但拥有了前者的全部记忆，而且也可以将许多知识、技能同时植入其脑中。那么，这种出现在电影中的神奇景象是否也会出现在我们的现实当中呢？

　　另外，究竟移植记忆有哪些现实意义呢？假如可以移植记忆，也许你会产生这样的想法：我一定会成为第一批试验者之一；假如可以移植记忆，我希望烦恼永远离我而去，让快乐始终充满我的脑海。如果记忆真的可以成功移植，这项技术将对人类生活产生重大而深远的影响，我们的生活也将随之发生巨大的变化。

　　荷兰化学家戴维德曾尝试在老鼠身上进行移植记忆的实验。他将从某只老鼠的大脑中分离出的一些记忆物质，移入另外一只老鼠的大脑中，实验结果表明，接受移植的老鼠的记忆状况和感受能力都有了改变。整个欧洲因为此项实验的成功而轰动，实验得出的结果也令科学家们激动万分。

　　早在 1978 年，原联邦德国生物学家马田就开始尝试给蜜蜂进行换脑实验。

他首先选择培训对象，让两只健康的蜜蜂每天都在固定的时间从蜂房飞出，然后让它们飞到另一个蜂房，在那儿放置了一碗蜜糖让其寻找。经过一段时间的培训，这两只蜜蜂便形成了每天在固定的时间都要飞出去一次的习惯。这之后，马田将它们脑神经中的一点物质取出，并将这些物质分别注入两只未经过任何训练的蜜蜂的神经组织中，结果奇迹出现了：这两只小家伙每天也在相同的时间飞到另一个蜂房中寻找蜜糖，如同前两只经过培训的蜜蜂一样。由此可以证明，前两只蜜蜂的记忆被移植到了后者的脑中，移植记忆的实验成功了。

在对动物进行的脑移植试验过程中，科学家们受到启发：记忆的传递完全可以建立在物质基础之上，并能够实现在不同大脑之间的相互交换。

从以上两例实验的成功中能够推断，人的记忆从理论上也可同动物的记忆一样进行移植。当然，科学家们若想从一个人的脑中取出一些记忆物质植入到另一个人的脑中，这几乎是不可能的。但是可以采取其他的一些模式，如把一个人大脑中储存的知识完全复制到另一个人的大脑中。科学家能够把一个人的大脑活动情况通过某种仪器记录下来，然后如同给电池充电一般，再通过另一种仪器将这些信息输入到另一个人的大脑中去，使此人也获得该信息。这种模式被科学家们称为"充电"模式。除此之外，还有其他一些模式也被科学家所采用。

科学家的目的是希望找出一种获取知识的突破式新方法，让我们从书本知识共享的时代进入到一个全新的脑资源共享的时代。其实，移植记忆的真正意义在于，通过对该课题的研究，我们会加深对大脑这一神秘的意识载体的了解，使人类向着生命科学研究的更深层次迈进。

催眠术的魔力

盛 楠

催眠术由来已久，但是长期以来，人们对催眠术缺乏真正的了解，总觉得它是一个非常神秘的东西。常常有人会提出这样的疑问：催眠术真的有魔力吗？它的魔力是怎样表现出来的呢？

催眠术的历史很古老，与巫术、医学甚至"魔法"的历史相比较有过之而无不及。催眠术不仅能激发人的潜意识，而且还能治愈疾病。在远古时代，催眠术、巫术和医学往往天然地结合在一起。人们很早就对催眠术进行了研究，但研究者们对它的种种神奇之处仍无确切的解释。

20 世纪 70 年代，发生了一起利用催眠术侦破刑事案件的事件。事情经过是这样的：在纽约发生了一起枪击杀人案，真凶难以查寻。案发现场只有一个目击证人，但他将一些重要的细节忘得一干二净。刑侦组想到了催眠术，于是请技术组的专业人员来为他催眠，希望目击者在催眠状态下能够回忆起一些现场细节。被催眠后，他记起了车辆的全部号码、凶手的长相、枪击的过程，以及他无意中听到的有关谈话。更有趣的是，原本口吃的目击者在催眠状态下，说话居然非常流利。虽然从催眠中得到的证词在西方国家并未被承认，且司法部门也对其采取否定态度，但这些证词为其他证据的来源提供了线索，使警方能查找到更多的证据。最终，美国警方成功破获了这个案件。

一时之间，催眠术成为人人议论的话题。除此之外，人们还找到许多新的证据，证明催眠术还有别的作用。

在科学意义上认识、运用催眠术治病早在 18 世纪时就开始了。1778 年，奥地利内科医生麦斯默在巴黎曾用"魔柜"使一些精神病患者康复，一时声名大噪。虽然巴黎医疗行业对催眠疗法有抵触情绪，但许多知名人士非常迷恋这种医疗方法，催眠疗法最终惊动了法国学术界。在法国国王路易十六的命令下，法兰西科学院对麦斯默的催眠疗法进行了鉴定，科学家们发现用科学的观点无法解释麦斯默的催眠术。由于法国深受启蒙思想影响，科学、理性得到普遍崇尚，因此在法国，麦斯默成了巫师、骗子，并被人们驱逐。

其实在很早以前，他就将催眠术运用在医疗上了。在此之前，曾十分流行"动物磁气说"。麦斯默对"动物磁气说"进行改造，在此基础上提出有关疾病、健康的理论。在他看来，确实有一种气流体存在于人体和自然界中，地球的万有引力通过这种气流体影响着人的健康。

他称这种看不见的气流体为"磁气"。并认为这种磁气在人体内流动时受到阻碍而使人产生了疾病。当人处于一种"失迷"的临界状态即催眠状态下，这些阻碍可以被消除，被恢复的磁气便能自然流动。为了恢复这种自然流动，麦斯默发明了许多统称为"催眠疗法"的方法，即"麦斯默术"。事实上，当时麦斯默不能为他的磁气说拿出充足的科学根据，但他利用心理暗示治病的方法却能够找出科学的依据。他事先设计一种巧妙的方法，诱导患者；患者在其诱导下，潜意识里会产生摆脱压抑、束缚的感受；最后再通过一番疏导，病人在这个过程完成后，往往会被治愈。

1843年，苏格兰的外科医生布雷德将麦斯默术重新定义为"神经性昏睡"。布雷德采用当时流行的观点，认为催眠现象只是神经的一种睡眠状态，一旦人的眼睛长时间盯住了明亮而单调的物体，就会产生精神疲劳。在催眠过程中，暗示是催眠的要素。这样一来，医学界与心理学界逐渐接受了催眠的方法与事实，"麦斯默术"发展成为"布雷德术"。

在19世纪70年代，科学界对催眠术产生了浓厚的兴趣。西格蒙德·弗洛伊德是19世纪最伟大的精神分析大师。1885年秋，弗洛伊德前往巴黎求学，求学期间，师承法国著名学者沙柯。催眠术治疗神经失调症具有巨大潜力，这种潜力给弗氏留下了深刻印象。在1886年到1938年间，弗洛伊德着手催眠术治疗法的研究并开设了治疗精神疾病的私人诊所。

　　弗洛伊德在用催眠术治病的过程中发现这种方法存在很多局限性。著名医师布洛伊尔采用宣泄法为病人催眠，在催眠的条件下让病人畅述内心积郁，从而消除内心紧张。这给了弗洛伊德很大的启发。此后不久，为了进一步分析和治疗疾病，弗洛伊德自创精神分析法或称自由联想法，以达到治疗目的。在创建自己的心理分析体系时，弗洛伊德将催眠术扬弃，转向了自由联想法。现代心理分析学者认为，催眠术属于自由联想，是自由联想的一个特殊分支。

　　随着人们对催眠术不断地深入研究，催眠术又有了新的发展。

　　一般来讲，进行催眠需要一间整洁幽静的催眠室，并且需要在专业催眠师的指导下，才能进行催眠。前提是受眠者愿意合作，并充分信任催眠师。如果受眠者是一个病人，他对催眠师会非常顺从，在催眠状态下就会比处于清醒状态时更容易接受治疗者的暗示。随着心理医生的暗示或指令，病人的情感、意志和行为等心理活动就会发生转换。完全放松的受眠者眼睛贯注一物；然后催眠师用安详低沉的声音进行暗示，使受眠者处于进一步的放松状态，之后在催眠师的暗示中闭上双眼；当受眠者接受催眠师暗示双眼闭合，并表现出如深呼吸等生理上的深度松弛时，他就已经进入了完全被催眠的状态，这种状态也叫做"失迷"。

　　在催眠状态下，被催眠者能重新回忆一些往事，这些往事都是从前被"遗忘"的经历和体验。这时，被催眠者将内心的隐私和秘密痛快地说出来。也就是说，外界的一切对他都似乎不存在，受眠者的思维只与催眠师的指令联系，注意力和头脑清晰度在此时达到顶点。

　　"失迷"与睡眠类似，但又不同于睡眠状态，它是一种恍惚状态。表面看来，被催眠后的受眠者像睡着了一样，但是真正处于睡眠状态下的人，他对外界刺激没有反应，神经系统和外界基本上是隔绝的，而处于催眠状态的人，大脑局部神经系统则处于兴奋状态，并且完全集中于催眠师的暗示上，对于催眠以外的各种刺激都没有反应。此时，通过适当的暗示，心理医生就能进一步改善病人的感情、兴趣爱好以及记忆、意志、注意思维等能力，通过心理、情绪对生理进行控制，消除或者缓解病人存在的一些紧张、心理压抑、焦虑情绪，从而改善生理机能。

在科学的殿堂上，催眠术有了自己应有的位置，但它仍有许多科学界无法解释的神奇现象。

人们发现，受眠者在深度催眠后，会出现感觉超敏：如果暗示受眠者他身上有一块烧烫的金属，那么他的皮肤上就会真的出现烫伤的痕迹。另外，负幻觉、正幻觉、行动和知觉的分裂、催眠后遗忘症等现象也可能出现在受眠者身上。正幻觉是一种将不存在的东西看成是存在的幻觉，例如，当催眠师说"你爱人来了"，你随手递给他一个枕头或一把椅子，受眠者会立即做出亲吻、拥抱状。而负幻觉则会把客观存在的东西当成不存在，例如眼前是一堵墙，但只要催眠师暗示"这堵墙没有"，那么产生负幻觉的人就真的径直向墙走过去，直到头撞在了墙上，才能停下来。

科学家们发现，受眠者在催眠状态下可以完成一些高难度的任务并出现一些非常规的现象。例如在催眠状态下，一个娇弱的女子会变成一根僵直的棍子，如果用两个支撑物支起她的脚和头，在她身上站一个比她重得多的男子，她仍然会面无表情，身体则坚硬无比，像桥面一样。这完全超过了人的身体一般所能负荷重量的限度，但这个女子仍能承受。一些人将催眠术搬上舞台表演，造成的轰动效应引来无数观众。

经过各种临床试验之后，科学家们发现，催眠术还有增加人体免疫力的功效。

免疫学家贝里·达比教授是美国佛罗里达大学的教师，他带领的研究小组研究发现，被施行催眠术之后，受试人员血液中的 T 淋巴细胞和 B 淋巴细胞数量明显增加，而这两种细胞正是人体内免疫力的主要构成来源。他们还发现，在平常压力面前，受试人员的自信心更强，自理和独立处事能力也得到了增强。催眠术还能减轻外科手术所造成的痛苦，具有治疗哮喘的功效，尤其对治疗儿童哮喘病大有帮助。

研究者还无法科学地解释由催眠术所产生的各种奇异现象。一般认为，在日常情况下，人们很难进入潜意识的世界；但在催眠状态下，如果处于 a 脑波状态，人们很容易被引导打开潜意识的记忆库。其原因是此时注意力非常集中，因而在潜意识中产生了积极、正面的信念。

我们通过催眠术可以接触到不可思议的意识和精神世界，这些精神世界深藏在人类物质世界的背后，体现出巨大潜力，这些巨大的能量使人们着迷。为了更好地开发人类潜能，我们还需要进一步地钻研与探索。

嗅觉的奥秘

花荣博

诗人王冕在咏梅的佳作中曾写道："冰雪林中著此身，不同桃李混芳尘。忽然一夜清香发，散作乾坤万里春。"在此，我们不是要研究此诗写得如何高超绝妙，而是要探索人是怎样闻到梅花所散发出的诱人清香的。

我们知道，人人都长有一个鼻子。鼻子不仅用于呼吸，还能辨别各种气味：不论是扑鼻的梅花清香，还是臭不可闻的硫化氢刺激，鼻子都能灵敏地感觉出来。

谈到嗅觉，虽然我们能够辨别香、臭、甜、酸、苦、辣、霉……各种气味，但和许多动物相比，人的嗅觉并不算太高明。苍蝇与狗的嗅觉都相当灵敏，要比人强许多倍。苍蝇能在几千米外嗅到极为微弱的气味，有灵敏嗅觉的警犬可以在公安、军事、救护等方面充当"侦察兵"。

那么，人和动物究竟为什么能闻到各种气味？气味与化学有什么联系？苍蝇和狗的鼻子为什么比人的鼻子还灵？这些问题，长期以来使人感到迷惑不解。虽然有许多人对此进行过研究，也提出过许多学说来解释，但至今仍是一个未解之谜。

很早以前，聪慧的古希腊哲人们曾对嗅觉做过解释，认为鼻子里存在有网眼的粘膜，气体分子只要能钻进去，人就可以感到气味。显然，这只是一种主观想象，没有任何事实作依据。

不过，上述假想似乎在以后人们研究苍蝇的嗅觉中得到了些证明。科学家在解剖苍蝇的嗅觉器官时，发现其嗅觉细胞的细胞膜有着渗透离子的功能。此膜很薄很薄，膜内裹有钾离子，膜外有钠离子，这样可以形成微弱的电位差。当此膜受到外界气味刺激时，膜就自动破裂，并产生微弱的电流信号，使苍蝇能立即嗅到气味。然而，对于哪些物质能引起电流信号，又是怎样引起电流信号的，则不清楚。

经过长期的研究，人们发现，对物质的气味辨别，不仅与嗅觉器官有关，也与物质的化学组成、化学结构、溶解状况、分子量的大小等有关。例如，由碳、氢、氧3种元素组成的有机酸，分子中一般都含有叫做"羧基"的基团，所以一般都有酸味，如醋酸、柠檬酸等；酯类物质一般都具有浓郁的香味，如乙酸异戊酯有香蕉味，异戊酸异戊酯有苹果香味……也就是说，气味是由化学物质微粒造成的，它能在空气中散发飘逸。

进入20世纪后，苏格兰的科学家蒙克里夫把嗅觉器官的结构和气体分子的结构结合起来，来认识嗅觉问题，并于1949年提出了一种气体立体化学理论。所谓立体化学是指物质分子在空间都有一定的形状，例如常见的甲烷（CH_4）分子是正四面体。分子形状如同我们常见的物体那样，多种多样，千姿百态，有球形、船形、椅形等。

气体立体化学理论认为，在人和动物的鼻子中有感觉灵敏的鼻窦，在鼻窦的细胞中有专门接受外界气体分子的受体，受体也是一种分子。只有当外界气体分子和鼻窦受体分子像模具和模型那样相互吻合、并发生生理反应时，产生的信号刺激大脑，才能使人闻到气味；如果外界气体分子和鼻窦受体分子不吻合、不反应，人就闻不到气味。例如，樟脑分子是球形，而鼻子中受体分子是碗形，两者吻合，所以人才能闻到樟脑味。后来，英国的阿尔莫对此理论做了进一步完善，提出了一个较为完整的嗅觉化学机制，但两者大同小异，观点基本相同。

不过，这种理论也遇到了一些新的挑战。例如，有的化学物质结构不同，却有相同气味；有的物质结构非常相似，却具有不同的气味；也有的一种物质却具有两种气味……这些问题用上述理论都难以解释。

现在，人类对嗅觉的认识在步步深入，也在步步接近真理，但还有许多问题至今仍不清楚。例如：

1. 鼻子依靠什么物质将气味信息传入大脑？这些物质又是怎样工作的？
2. 有的科学家还发现，气味不仅与分子的形状有关，而且还与分子电荷有关，嗅觉的真实机理究竟是什么？

3. 科学实验已经证明，气味与人的记忆和情绪密切相关，例如熏衣草味能使人兴奋，薄荷香味能使人消除疲劳，这又是为什么？

有的化学家说得好，"气味是精神的调节剂，香味是瓶装的心理学"。一门新科学——香味学，正在悄然兴起。但愿"香味学"能像王冕的诗描写的那样，早日"散作乾坤万里春"。